BusinessV

PETER BAUMGARTNER
EVA SHATA-AICHNER

REDE

VORTRÄGE, DIE BERÜHREN, BEGEISTERN UND BEWEGEN

BusinessVillage

Peter Baumgartner, Eva Shata-Aichner
Rede
Vorträge, die berühren, begeistern und bewegen
2. Auflage 2018

Bestellnummern
ISBN 978-3-86980-401-9 (Druckausgabe)
ISBN 978-3-86980-402-6 (E-Book, PDF)

Direktbezug unter www.BusinessVillage.de/bl/1035

Bezugs- und Verlagsanschrift
BusinessVillage GmbH
Reinhäuser Landstraße 22
37083 Göttingen
Telefon: +49 (0)551 2099-100
Fax: +49 (0)551 2099-105
E-Mail: info@businessvillage.de
Web: www.businessvillage.de

Layout und Satz
Sabine Kempke

Druck und Bindung
www.booksfactory.de

Inhalt

Über die Autoren

Peter Baumgartner ist Diplom-Pädagoge, Wirtschaftsingenieur und spielte in Film-, Theater- und Hörspielproduktionen. Er moderiert Veranstaltungen, erstellt Medienkonzepte und leitet Pressekonferenzen. Der Vortragsredner, mehrfache Buchautor und Wirtschaftsliteraturpreisträger ist als Vortragscoach und Hochschuldozent im In- und Ausland tätig. Persönlichkeiten aus Medien und Wirtschaft vertrauen auf seine Sprech-, Medien- und Bühnenkompetenz.

Kontakt
E-Mail: info@peterbaumgartner.at
Web: www.peterbaumgartner.at

Eva Shata-Aichner studierte Schauspiel und ist Ensemblemitglied am Landestheater Linz. Sie hält Lesungen, war in Hörspielen und Filmen für den ORF tätig und erhielt die Kulturmedaille des Landes Oberösterreich. Eva Shata-Aichner hat einen Lehrauftrag für Rhetorik, Sprechtechnik und szenisches Spiel. Sie ist Buchautorin und eine erfahrene Trainerin für Artikulation, Stimmsitz und Ausdruck.

Kontakt
E-Mail: shata-aichner@liwest.at

Prolog

Alle Menschen wollen im Endeffekt gut reden können und andere begeistern. Wer hat nicht schon einmal gedacht, wenn ich doch nur so gut reden könnte, wie die Person auf der Vortragsbühne oder im Fernsehen. Was wäre dann möglich? Doch nur wenige Redner sind wirklich überzeugend, begeisternd oder mitreißend.

Die meisten Menschen fragen sich, wie kann ich sprachlich und inhaltlich überzeugen? Wie kann ich mich argumentativ verbessern? In welchen Schritten kann ich meine Wirkung positiv entwickeln?

Genau damit beschäftigen wir uns. Das ist unsere Motivation.

Der römische Philosoph Marcus Tullius Cicero erkannte bereits: »Reden lernt man nur durch reden.« Damals wie heute wussten und wissen die Menschen, dass man mit einer gelungenen Rede und mit einem guten Auftritt viel erreichen kann. Doch wie wird man ein guter Redner, Präsentator und Gesprächspartner?

Wenn Sie vor anderen Menschen sprechen, entscheiden Ihre Zuhörer oft binnen Sekunden, ob sie gewillt sind, Ihrer Stimme und damit letztlich Ihren Argumenten zu folgen. In einem kurzen Moment beurteilt das Publikum, was es sieht und hört. Ihr Auftritt und Ihre Stimme entscheiden. Für den ersten Eindruck gibt es keine zweite Chance.

Ihr Auftritt ist Ihr optisches Erscheinungsbild. Ihre Stimme ist Ihre akustische Visitenkarte. Beides lässt sich trainieren und perfektionieren.

Es ist absolut faszinierend, Menschen zu hören, die mit einer ausgebildeten Stimme sprechen. Die Grundlage dafür ist das Erlernen der Artikulationsrichtlinien. Wenn Ihnen andere gerne zuhören, besitzen Sie entweder von Kindheit an eine sprachliche Begabung oder Sie haben in die Ausbildung Ihrer Stimme investiert.

Mit Sprache bezeichnen wir die richtige Artikulation, den Wortschatz und den Stil des Vortragenden. Mit Stimme meinen wir den Stimmsitz, das Volumen und das Timbre, welches wir als eigene Klangfarbe des Redners wahrnehmen.

Als Autoren fasziniert uns im konkreten Fall dieses Buches eines: Wenn zwei eine Idee teilen und sich ergänzen, weil es eine gegenseitige Anziehung der Welten gibt.

- Vortragssaal und Theaterbühne
- Seminar und Lesung
- Vortrag und Schauspiel
- Kongressgast und Premierenpublikum
- Wirtschaftspresse und Kulturabteilung

Es geht dabei immer darum: Souverän sprechen und faszinierend vortragen zu können. Wir widmen uns ganz klar jenen Fähigkeiten, die ein Sprecher erlernen kann, um sein Ziel zu erreichen.

Die Menschen wollen andere mit Worten berühren. Sie wollen unabhängig von ihren Voraussetzungen andere Menschen durch Sprache beeindrucken. Der Sinn von Sprache ist Verständigung und das gegenseitige Verständnis.

Unser Grundgedanke ist, Ihnen die Welt des Sprechens und des Präsentierens mit Begeisterung näher zu bringen. Unser Anspruch als Autoren reicht über ein reines Sprechtechnikbuch oder ein ausschließliches Präsentationsbuch hinaus. Wir zeigen Ihnen, wie Sie Ihr Sprechen perfektionieren und mit der Erstellung Ihrer Inhalte verbinden. Wer die Form beherrscht, der beherrscht auch, oder zumindest viel eher, den Inhalt. Insbesondere wird er in fast jeder Situation das schaffen, was vielen Lesern dieses Buches wichtig ist: sprachliche und fachliche Autorität, Vertrauen und einen guten Eindruck zu vermitteln.

Vor allem aber werden Sie – das konnten wir in zahllosen Coachings und Seminaren beobachten – eine Souveränität im kleinen Rahmen und vor großem Publikum entwickeln.

Deswegen machen wir uns gemeinsam mit Ihnen auf die Reise in die Rede- und Präsentationswelt, in die Welt der Artikulation und der Sprechübungen.

Wir bieten Ihnen Hörbeispiele, mit deren Hilfe Sie in der Lage sind, individuell zu üben. Nur mit dieser Kombination können Sie Ihre Fertigkeiten trainieren und andere bewegen. Sprechen perfektionieren braucht das Vorsprechen, das Zuhören und das Nachsprechen. Was Ihnen das Buch nicht ersparen will und kann, ist das Training. Die richtige Aussprache und eine beeindruckende Bühnen-Performance brauchen Zeit. Sie können mit unseren Inhalten wichtige Fähigkeiten selbst üben und voranbringen. Für viele Themen ist persönliches Artikulations- und Bühnen-Coaching zielführend.

Das Buch verstärkt unser Credo: berühren, begeistern und bewegen.
Wir bieten Ihnen das an, was wir erfahren und erlebt haben.

Erzähl mir eine Geschichte.
Gut, was möchtest du hören?
Deine Stimme.

1.
Die Erfolgsfaktoren des Sprechens – Stil und Methode

Die Grenzen meiner Sprache bedeuten die Grenzen meiner Welt.

Ludwig Wittgenstein, österreichischer Philosoph und Autor

1.1 Stil und Methode dieses Buches

Dieses Buch richtet sich selbstverständlich an Frauen und Männer. Da nicht relevant ist, ob weibliche oder männliche Personen angesprochen oder gemeint sind, verwenden wir aus Gründen der einfacheren Lesbarkeit die männliche Bezeichnung.

Besonders am Herzen liegt uns, mehr als eine Zusammenstellung der Präsentationsformen und der sprechtechnischen Grundlagen zur Verfügung zu stellen. Wir bieten Ihnen strukturierte, anschauliche und erprobte Methoden aus der Praxis.

Die einzelnen Kapitel ermöglichen einer breiten Zielgruppe eine hervorragende Basis zur Perfektionierung ihrer Redekompetenzen. Es eignet sich für Sprecher in den Medien, Journalisten, Moderatoren, Vortragsredner, Berater, Führungskräfte, Dozenten, Pädagogen, Vorstände, Politiker, Verkäufer, Eltern, ...

Wir wollen Ihnen gute Werkzeuge in die Hand geben, mit denen Sie Ihren Auftritten vor großem oder kleinem Auditorium Inhalt und Form verleihen. Sie werden als Sprecher erkennen, welcher Einstieg, Hauptteil und Abschluss für Ihren Redeanlass stimmig ist und was zu Ihren Zuhörern passt.

Übungsanleitungen und Hörbeispiele

Das Buch ist als Sach- und Trainingsbuch aufgebaut und bietet Ihnen viele praktische Übungen. Ist ein Text von einem Rahmen umgeben, handelt es sich um eine Übungsanleitung. Mit Hilfe der eingerahmten Anleitungen können Sie selbsttätig trainieren. Üben Sie variantenreich und erfahren Sie dabei, was bei Ihnen individuell gut funktioniert und was möglicherweise nicht so gut klappt.

Wenn im Buch das Symbol auftaucht, bieten wir Ihnen Übungen mit Akustikbeispielen an. Mit diesen können Sie Ihre Aussprache perfektionieren. Die Hör- und Sprechtrainings und die Erklärung zur Handhabung finden Sie ab Kapitel 6 *Die Form des Sprechens – Basistraining Sprechtechnik*. Im Kapitel 7 *Perfektionierung des Sprechens – Styling für Redner* haben wir Ihnen praxisnahe Trainingsmethoden für Ihre Redeanlässe zusammengestellt.

Es macht Sinn, das Buch einmal vom Beginn bis zum Ende zu lesen. Dann können Sie die einzelnen Themen und Übungen nach Bedarf und Lust aufschlagen und durchgehen.

1.2 Einleitung für sprachliche Gewinner – besser reden, mehr erreichen

Ihre persönliche Fähigkeit, mit der sie Begeisterung und Impulse auslösen, wird in unserer Zeit medial kalter Information zum Erfolgsfaktor Nummer eins. Wie groß Ihr Publikum auch sein mag, im Vieraugengespräch oder vor achthundert Menschen. Egal ob im Seminarraum oder auf der großen Bühne, eines bleibt immer gleich. Wer das Ohr beleidigt, dringt nie zu den Menschen vor.

Wenn Sie Ihre Zuhörer in den Mittelpunkt stellen, sind Sie ein guter Redner. Ein Gewinner. Jedes übertriebene Verhalten, jede pathetische Kommunikation und auch jede konstruierte Situation entbehrt des wahren, puren und lockeren Verhaltens. Wenn sich Redner in Übertreibung und Selbstdarstellung üben, sind das Dinge, die sie nur mit allergrößter Mühe wieder ändern können. Pathos ist überholt.

Nicht überholt ist aber die sprachliche Wirkung. Vor jedem Argument kommt der Mensch mit seiner Stimme und Sprache. Die Augen können Sie als Zuhörer bei einem Vortrag verschließen, wenn Ihnen die Optik nicht gefällt. Ihre Ohren können aber vor einer unzureichenden Stimme und Sprache nicht fliehen. Sie ertappen sich schnell dabei, dass ihre Gedanken durch die Art der Stimme abgelenkt werden. Die gesprochenen Worte hören Sie vermutlich nicht mehr.

Wer vor anderen spricht, hat Vorbildfunktion

Als Autoren geht es uns beim Reden und Vortragen um die Kultur des Sprechens. Wer vor anderen auftritt, hat Vorbildfunktion. Richtige Aussprache ist eine kulturelle Verbindlichkeit und eine Fähigkeit, die wir erwarten dürfen und müssen. Zwei Aspekte unterstreichen Ihre Auftrittskompetenz. Ästhetik und Stil sind niemals zu vernachlässigen. Das gilt besonders für diejenigen, die andere anleiten oder vor Publikum sprechen. Wer vor anderen undeutlich, mit unpassendem Tonfall und ungenauer Sprache redet, der wird kaum positiv in Erinnerung bleiben. Wenn Sie sich mit Ihrem Auftreten beschäftigen, dann ist das keine selbstverliebte Extravertiertheit. Es ist Ihr Einsatz um Wirkung und darum, verstanden zu werden.

Unbestritten ist die Kommunikationsfähigkeit eine der zentral wichtigen Eigenschaften für Menschen in Führungspositionen. Eine Studie von IW Köln Consult bestätigt dies eindrucksvoll. Die Kommunikationsfähigkeit liegt mit 100 Prozent Zustimmung an erster Stelle der geforderten Eigenschaften für Menschen in Führungs- und Vorbildfunktion.

Wer vor anderen spricht, unterliegt einer Bewertung

Alle, die vor und mit anderen professionell sprechen müssen, unterliegen naturgemäß einer Bewertung der Zuhörer und Dialogpartner. Wenn wir Menschen beurteilen, so machen wir das in den ersten zwei bis drei Sekunden mit unseren Augen. Wir erhalten einen optischen Eindruck. Was dann wirklich zählt, sind die nächsten zehn bis zwölf Sekunden, wenn wir die Stimme hören. Aus beiden Signalen machen wir uns ein Bild, oder genauer eine Vorstellung von unserem Gegenüber. Idealerweise sollte dieses Bild auch stimmig zu der Person passen. Werden Sie so wahrgenommen, wie sie gesehen werden möchten? Es liegt in Ihrer Verantwortung, die Wahrnehmung ihrer Gesprächspartner und Zuhörer in die passende Richtung zu lenken.

Wer vor anderen spricht, braucht Empathie

Wer versteht, wie Menschen fühlen und denken, dem fällt es leichter, begeisternd zu sprechen. Erfolg beruht beim Sprechen darauf, den Standpunkt des anderen zu verstehen und mit seinen Augen zu sehen. Wer sich situativ auf seine Zuhörer einstellen kann, hebt sich von der Masse ab. Empathisches Verständnis, logisches Argumentieren und die Gabe, Dinge auf den Punkt zu bringen, sind das Fundament jedes Redebeitrages.

Ein öffentlicher Auftritt erträgt keine Ausflüchte und Halbherzigkeiten. Vor dem Publikum wird offengelegt, ob wir uns selbst und unseren Inhalten vertrauen oder nicht.

Wenn Sie einen Vortrag auf die sachliche Ebene reduzieren, absolvieren Sie zweifellos die Pflichtübung »Vortrag halten«. Doch was erreichen Sie? Genügt es, physisch vor Ihrem Publikum zu stehen und sich darauf zu reduzieren Ihre Zuhörer zu langweilen. Der viel zu früh verstorbene Kollege und Experte für Körpersprache Jan Sentürk gab seinen Seminarteilnehmern eine Botschaft mit auf dem Weg: »Fachwissen alleine ist wenig interessant«. Da ist etwas Wahres daran.

Vor anderen Menschen zu sprechen bedeutet vor allem, eine Leistung zu erbringen. Im Gegensatz zu einem persönlichen Gespräch sind Sie bei einem Vortrag oder einer öffentlichen Redesituation zum Erfolg verpflichtet.

Sie wissen idealerweise über die Ziele der Menschen Bescheid und helfen ihnen diese Ziele zu erreichen.

Wer vor anderen spricht, überzeugt durch seinen Sprech- und Präsentationsstil

Sie kennen das sicher. Da läuft so nebenbei im Radio ein Gespräch, im Fernsehen eine Diskussion und Sie bleiben doch hängen. Nicht so sehr wegen dem, was da gerade jemand sagt, sondern vielmehr deswegen, wie derjenige das sagt. Der Inhalt wird erst nach und nach interessant. Über die Art des Sprechens, über den Redestil, bekommen Sie einen Zugang zur Thematik.

In dem Moment ist viel passiert. In Wirklichkeit alles.

Ihr eigener Sprech- und Präsentationsstil ist Ihr Kapital. Ihre Sprache reicht über die gesprochene Sprache hinaus, weil auch die Bildsprache Ihrer Präsentation entscheidet. Stimme und Ausdruck kann und muss man üben, wie ein Musiker sein Instrument. Ihren Präsentationsstil müssen Sie sich zudem erarbeiten, wie ein Sportler seine Muskeln trainiert. Die richtige Artikulation und stilvolle Präsentation geben Ihnen Sicherheit und verleihen Ihnen Kompetenz.

Wer vor anderen spricht, muss Vertrauen und Autorität gewinnen

Wir alle wissen, damit die Zuhörer uns glauben, müssen wir Autorität gewinnen. Das gelingt in der Kombination von drei Dingen. Erstens, indem wir wirklich etwas zu sagen haben und Inhalt liefern. Zweitens, indem wir unsere Rede mit Gegensätzen (Antithesen oder Paradoxa) und Sprachschmuck (rhetorische Stilmittel) logisch und stilistisch aufbauen. Drittens geht es darum, die richtige Artikulation einzusetzen. Wer das alles beherrscht, wirkt auf Zuhörer gebildet und vertrauenswürdig.

Wer vor anderen spricht, soll unbedingt souverän agieren

Ist erfolgreichen Personen die besondere Begabung, überzeugend präsentieren und sprechen zu können angeboren? Oder können wir dafür etwas tun? Und wenn wir etwas dafür tun können, was ist es dann genau?

Forschungen zeigen, dass sich Präsentations- und Kommunikationsfähigkeiten gut verbessern lassen. Wir sollten lernen, Präsentationen emotional zu gestalten und ständig weiter zu entwickeln. Wir können das Sprechen üben und uns Sprechtechniken aneignen. Egal, ob wir das auf den ersten Blick spannend finden oder nicht: Wer übt, wird zwangsläufig besser. Das lässt sich nicht vermeiden.

Souveränität und Freude wirken einfach überzeugend. Vollkommen egal, ob in der Schule, im Studium, im Beruf oder im Privatleben. Artikulation und rhetorische Brillanz sind die Schlüssel zum Erfolg.

1.3 Sprechen und Rhetorik kompakt

Die Rhetorik wird übereinstimmend als die Redebegabung oder Redekunst, oder auch als Fähigkeit, vor anderen zu reden, bezeichnet. Es gibt viele Bücher, die sich umfassend mit der Rhetorik beschäftigen. Wir konzentrieren uns auf die praxisnahe Handhabung zu den Themen: Was sage ich? Wie sage ich es?

Sprechen

Wir Menschen sind soziale Wesen. Das bedeutet, wir sind darauf ausgerichtet, mit anderen zusammenzuleben und zu kommunizieren. Die Evolution hat uns dahingehend geprägt. Sprechen ist für uns daher eine unbedingte Notwendigkeit. Erst durch Sprache können wir anderen unsere Gedanken und Gefühle mitteilen. Denken Sie einmal in extremster Form an eine Isolationshaft, bei der man Menschen von anderen Personen völlig abtrennt. Die fürchterliche Qual, isoliert zu sein, wollen wir uns nicht einmal vorstellen. Unsere brennendsten Gedanken müssen aus uns raus. Wenn das Herz voll ist, geht uns der Mund über.
Sprechen ist vorrangig eine seelische Leistung unter Regie des Gehirns. Die Ursachen von Sprechstörungen werden folglich nur selten im Mund gefunden. Nicht die Zunge spricht, sondern das Gehirn.

Das Gehirn spricht, obwohl die Artikulationsmuskulatur der rund 100 Sprechmuskeln im Mund liegt. Viel ist trotzdem nicht beteiligt: Kiefer und Zunge, Lippen und Zähne, harter und weicher Gaumen und der Kehlkopf sowie die Rachenenge. Die Stimmlippen (Stimmbänder) und der Luftstrom besorgen den Rest. Übrigens, wir Menschen besitzen genau zwei Stimmbänder. Wenn wir eine Stunde sprechen, bewegen sich die Stimmlippen bis zu 500.000 Mal. Stimmen sind nichts anders als vibrierende Luft.

In unserem Sprachraum sind eher tiefe und warme Stimmen beliebt. Laut dem Sprechwirkungsforscher Walter Sendlmeier von der TU Berlin sind nordeuropäische weibliche Stimmen in letzter Zeit um einige Halbtöne gesunken. Soziologen wollen das mit der Emanzipation und der Anpassung an Männerstimmen im Berufsalltag erklären. Außerdem klingen tiefe Stimmen sinnlicher.

Unsere Stimme ändert sich, wenn wir mit Menschen reden, die wir besonders mögen. Die Stimme bekommt dann eine völlig andere Funktion.

Hochsprache und Standardaussprache

Es besteht eine klare Unterscheidung zwischen Umgangssprache und Hochsprache. Dialekt und Umgangssprache sind im regionalen Bezug etwas Besonderes und auch Emotionales. Sie sind zugleich Intim- und Heimatsprache. Außerhalb unseres Umfelds sind sie aber unpassend und rufen beim Gegenüber oft Ratlosigkeit hervor. Wenn Sie sich nur 100 Kilometer aus Ihrer Region wegbegeben, ist die gewohnte Umgangssprache manchmal missverständlich und oft wertlos. Ein Konglomerat aus Umgangssprache und einigen Wörtern in Hochdeutsch macht es auch nicht besser. Im Berufsleben sind wir heute überregional oder international orientiert. Wer heute sehr regional gefärbt spricht, wirkt häufig wenig kompetent. Vielfach vermuten Menschen bei einer lokalen Ausrichtung der Sprache eine lokal begrenzte Kompetenz und Orientierung. Das ist wenig hilfreich in einer modernen, global orientierten Welt. Problematisch ist die Umgangssprache auch dann, wenn sie Menschen aus anderen Regionen ausschließt.

Dann können Dialekte negative Gefühle provozieren. Eine stark regionale Sprachfärbung kann den Eindruck des Rückständigen erwecken. Ein Dialekt aus dem hintersten Gebirgstal ist dabei genau so wenig Hochsprache wie eine Umgangssprache, die in einer deutschen Großstadt gesprochen wird. Selbst ein Hannoveraner spricht per se kein Hochdeutsch, auch wenn die Menschen dort phonetische Vorteile haben. Die Region um Hannover kommt dem Hochdeutschen am nächsten. Großstadtdeutsch vermittelt den Eindruck, dass es Hochsprache wäre. Österreicher und Schweizer schreiben deutschen Dialekten oft automatisiert das Hochdeutsche zu, was so nicht stimmt.

Es gibt eine gemeinsame Aussprache für alle Deutsch sprechenden Länder. Die reine Hochlautung der deutschen Sprache hat sich über viele Jahrhunderte herausgebildet und über ihren Lautstand besteht eine hohe Einigkeit. Der Sprachwissenschaftler Theodor Siebs hat 1898 ein Aussprachewörterbuch erstellt, das auch maßgeblich für den Rundfunk und damit überhaupt für die Hochsprache geworden ist. Konrad Duden hat im Duden Band 6 die Artikulation weiterverfolgt. Seine Nachfolger halten dieses Artikulationslexikon mit 132.000 Wörtern bis heute auf den aktuellen Stand.

Rhetorik und Rhetorikwissen – die Kunst der Erfolgreichen

Gesichert scheint, dass ausdrucksstarke Formulierungen, auch rhetorische Wirkfiguren genannt, einer Rede Kraft und Faszination verleihen.

Doch das greift manchmal zu kurz. Viele Rhetorikinstrumente aus der Theorie sind denkbar ungeeignet: zu nüchtern, zu sachorientiert, zu unpersönlich. Sie sind in erster Linie nur dazu da, Fakten zu übermitteln. Unser Anspruch reicht darüber hinaus. Vom Wissen über die Redekunst macht unserer Überzeugung nach insbesondere das Sinn, was emotionales und begeisterndes Sprechen ausmacht.

Die Rhetorik ist eine Wissenschaft, die empirisch beobachtet und beschreibt, welche Regeln und Methoden erfolgversprechend sind. Seit rund 2.500 Jahren beobachten Menschen andere Menschen dabei, ob und wie sie ihre Ziele mit Sprache erreichen. Dokumentiert und archiviert wird all jenes, das sich gut bewährt hat und als Kunst der Erfolgreichen gilt.

Der Anspruch der Rhetorik lässt sich wie folgt zusammenfassen:

- Sie ist die Fähigkeit, Gedankengänge richtig aufzubauen und emotional zu vermitteln.
- Sie ist die Fähigkeit, andere zu gewinnen und zu überzeugen.
- Rhetorik zu beherrschen, heißt Erfolg haben.

Nicht nur Wirtschaft und Politik bedürfen der Rhetorik. Wo immer wir mit Menschen zu tun haben, sind wir auf rhetorisches Wissen angewiesen. Das braucht Ausbildung und Training, das weiß jeder, der im öffentlichen Leben steht. Dabei gibt es zu wenig Bildung dafür in schulischen oder universitären Einrichtungen.

Aber Rhetorik wird trotzdem gelehrt. Selbstverständlich haben Unternehmen und Verbände, Parteien und Organisationen ihre rhetorischen Bildungsinstitutionen. Es gibt zudem Trainer und Sprecherzieher, Schauspieler und Lehrer, die Rhetorikseminare und -ausbildungen anbieten.

Dies alles geschieht meist fernab der allgemein zugänglichen Bildungsinstitutionen. Müsste es nicht selbstverständlich sein, Rhetorik als Teil der allgemeinen und öffentlichen Bildung zu sehen? Es ist ein klares Defizit, dass Rhetorik nicht an Schulen gelehrt wird. Als Training im Finden und Formulieren der eigenen Gedanken. Rhetorik als eine Kultur des Wettstreites und Debattierens um die besten Ideen. Das Prinzip der Demokratie ist es, Chancengleichheit zu schaffen. Rhetorik müsste demnach ein Fach für alle sein.

Rhetorik und Manipulation

Wer gut sprechen und andere mitreißen kann, trägt eine große Verantwortung. Zu oft wurden und werden rhetorische Fähigkeiten manipulativ eingesetzt. Zu oft waren sprachliche Kunstgriffe Mittel, um Macht zu erlangen. Und zu oft führte dies zu Machtmissbrauch.

Reden gehört zum politischen Handwerk. Rhetorische Brillanz macht Redner groß, stand von jeher aber auch im Verdacht, die Zuhörer zu manipulieren. Die zwölf Jahre des Tausendjährigen Reiches sind ein entsetzliches Beispiel dafür.

Aber auch heute wird Rhetorik von vielen negativ wahrgenommen. Sie sei angeblich ein Werkzeug der Manipulation. Diejenigen, die Rhetorik ablehnen, stehen im Wirtschaftsleben oft vor verkäuferischen Problemen, da sie sich diese Mittel nicht zunutze machen. Auf gesellschaftlich politischer Ebene haben Rhetorikverweigerer vielfach Probleme im Umgang mit dem jeweiligen Meinungsgegner.

Überspitzt formuliert will Kommunikation und damit Rhetorik immer beeinflussen. Gute Redner sind oft Politiker oder wirtschaftliche Führungskräfte. Für diese kann es zielführend sein, Menschen zu beeinflussen. Aus unserer Sicht natürlich nur im positiven Sinne. Wir denken dabei nicht an verdeckte Absichten und auch nicht daran, Menschen klein zu halten. Es geht darum, Menschen und Ereignisse positiv zu beeinflussen.

Wir arbeiten intensiv daran, die Bedeutung der Sprache und die Verantwortung des Sprechers in den Mittelpunkt zu stellen.

Das Dreiecksmodell der Rhetorik

Wer es schafft, die Sprache situationsgemäß einzusetzen, hat die Möglichkeit, seine Kommunikationspartner zu überzeugen. Dazu ist ein Blick auf ein vereinfachtes Dreiecksmodell der Rhetorik hilfreich.

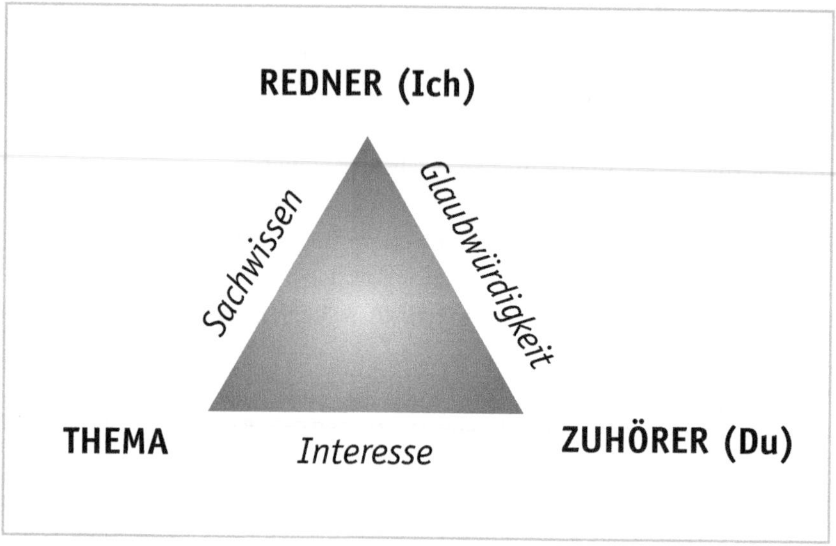

Die Positionen des Redners, des Zuhörers und des Themas nehmen wir in dieser Grafik als gegeben an. Bemerkenswert sind die Bezüge zwischen diesen drei Faktoren. Der Redner muss über sein Thema mit Sachwissen sprechen können. Dem Zuhörer gegenüber muss der Redner über Glaubwürdigkeit verfügen. Der Zuhörer selbst muss ein gewisses Interesse an der Thematik zeigen. Das wären einmal die Grundvoraussetzungen.

Nun kann sich der Redner entscheiden, welche Position in diesem Modell er wann und wie anspricht. Er ist verantwortlich für das Gesagte und bestimmt zugleich die Qualität der Ausrichtung.

Ich-orientiertes Sprechen

Hier stellt sich der Redner selbst mit seinem persönlichen Interesse in den Mittelpunkt. Er kümmert sich wenig darum, ob das Gesagte von der Sache her notwendig oder für die Zuhörer interessant ist. Typische Kennzeichen sind Selbstdarstellungen, Abweichungen vom Thema und geringe Beachtung der Zuhörer. Selbstinszenierungen interessieren niemanden. Ein Satz, der passend auf so manche Redner ist, lautet: »Anbetend breche ich vor mir zusammen.« Und zugleich bricht das Publikum zusammen oder schläft ein.

Sachorientiertes Sprechen
Leider richtet sich dieses oft ohne Rücksicht auf die Zuhörer nur nach dem Inhalt. Die Zuhörer erkennen das an übertriebener Ausführlichkeit, zu hohem Anspruchsniveau und der Verwendung unnötiger und zahlreicher Fachbegriffe. Ein tatsächlicher Fachvortrag ist nur einem Fachpublikum zuzumuten, aber nicht einmal diese Konstellation macht Sinn.

Du-orientiertes Sprechen
Ist an den Voraussetzungen und Erwartungen der Zuhörer orientiert. Es behandelt die für die Zuhörer entscheidenden und verständlichen Punkte. Die wichtigsten Merkmale sind einerseits ein intensiver Blickkontakt und eine offene Gestik. Andererseits werden sinnvolle Medien eingesetzt und die Redezeit wird berücksichtigt.

Sich auf das Du zu konzentrieren meint nie mantraartige Formulierungen oder Versprechen zu benutzen. »Du erreichst mühelos alles, was du dir nur vorstellst. Du kannst den Weg zum Erfolg abkürzen. Du …« Das wird niemandem gerecht. Wenn die Zuhörer am Vortragsende aus dem Saal hinausgehen, haben Sie bereits alles aus solchen Trickkisten vergessen.

Überzeugend sprechen findet im Spannungsfeld von Du- und Sachorientierung statt. Ein guter Redebeitrag ist zunächst Du-orientiert. Es geht darum, ein persönliches Verhältnis herzustellen und das Publikum für das Thema zu gewinnen. Dann folgt eine längere Phase sachorientierten Sprechens, in das der Sprecher Du-orientierte Elemente einfügt. Er bringt Beispiele, stellt rhetorische Fragen und bereitet die Thematik spannend auf. Der Abschluss ist wieder Du-orientiert, um dem Zuhörer einen Transfer des Gehörten zu ermöglichen. Gerade der Transfer des Inhalts in den Alltag ist ein wesentliches Kriterium für den Erfolg einer Rede. Gute Redner wissen in Bezug auf ihr Publikum eines ganz bestimmt: Das Transferproblem meiner Zuhörer ist nicht heute, hier während meiner Rede. Das Transferproblem meiner Zuhörer ist morgen, wenn sie das Gesagte umsetzen sollen.

Die fünf Grundregeln der Rhetorik

Die hier angeführten Rhetorikregeln bauen auf dem Dreiecksmodell der Rhetorik auf. Sie bieten eine erste Orientierung für jeden Redeanlass.

1. Sprechen Sie nur so sachorientiert wie nötig.
   Sprechen Sie zielgerichtet und mit klarer Gliederung im Kopf. Bringen Sie die Sache auf den für die Zuhörer wichtigen Punkt.
2. Sprechen Sie verständlich.
   Vereinfachen Sie komplizierte Sachverhalte soweit wie nötig. Sprechen Sie deutlich und akzentuiert.
3. Sprechen Sie möglichst frei.
   Lesen Sie auf keinen Fall stur vom Blatt ab. Halten Sie Blickkontakt und achten Sie auf Rückmeldungen.
4. Bedenken Sie, dass auch ihr Körper spricht.
   Lassen Sie Mimik und Gestik sich natürlich entfalten. Seien Sie glaubwürdig in Ausdruck und Auftreten. Öffnen Sie sich den Zuhörern, gehen Sie auf sie zu.
5. Sprechen Sie möglichst Du-orientiert.
   Gehen Sie von den Voraussetzungen und Erwartungen der Zuhörer aus. Vermeiden Sie jede Form der inhaltlichen, sprachlichen oder zeitlichen Überforderung.

Rhetorik heute

Die Rhetorik war als Wissenschaft nie unwichtig oder tot, aber heute erstarkt sie zusehends, da die technologische Gleichmacherei ihren Zenit überschritten hat. Es hat sich herumgesprochen: Einheitsfolien und Laserpointer sind nicht die einzigen und nicht die besten Präsentationsmittel. Die Zunahme an Technik und Digitalisierung zwingt uns, wieder menschlicher zu sein. Das ist doch eine gute Entwicklung.

Heute stellen begeisternde Redner die Technik nicht in den Mittelpunkt. Technik an sich bringt im Endeffekt wenig Nutzen. Sie müssen vielmehr die Menschen berühren, begeistern und bewegen. Ihre einzige gültige Währung auf der Vortragsbühne ist Ihre Fähigkeit, bei anderen Emotionen hervorzurufen. Das ist Ihre ganz große Herausforderung.

1.4 Die Herausforderungen des Sprechens

Kommunikation ist das, was wir daraus machen.
Investieren Sie in Ihre kommunikativen Fähigkeiten.

Unter allen menschlichen Ängsten gibt es einen unangefochtenen Spitzenreiter. Laut *The book of lists* (Wallechinsky/Wallace) geben 41 Prozent an, Angst davor zu haben, öffentlich zu reden. Die Angst öffentlich zu reden, liegt weit vor der Todesangst (19 Prozent). Überspitzt formuliert würden es viele vorziehen, selbst im Sarg zu liegen als vorzutreten und eine Grabrede halten zu müssen.

Redeangst könnte daher kommen, dass wir, wenn wir das Wort ergreifen, etwas zu verlieren haben, was uns viel bedeutet. Die Wirkung eines Menschen kommt nicht daher, keine Angst vor dem Sprechen zu haben. Sie kommt vielmehr daher, mit der Angst richtig umzugehen und durch Wissen und Können die Angst zu überwinden.

Fünfundzwanzig mögliche Herausforderungen des Sprechens:

- Sie wollen Menschen für Ihr Thema gewinnen und fragen sich: »Was stelle ich in den Mittelpunkt?«
- Besser zu werden ist für Sie kein Schlagwort, sondern Ihr wirkliches Ziel.
- Sie haben ein Thema und einen Vortragstermin, aber noch keinen Plan.
- Die Vorbereitung eines Redebeitrages ist für Sie häufig ein Beginn bei Null.

- Es ist Ihnen oft nicht ganz klar, wie Sie Ihre Rede oder Präsentation beginnen sollen.
- Dafür ist Ihnen ganz klar, dass Sie nervös sein werden.
- Sie befürchten, Ihre Inhalte könnten andere Menschen langweilen.
- Sie neigen manchmal dazu, ausholend zu sprechen.
- Ihren Formulierungen fehlt manchmal die Kraft.
- Sie möchten mehr Sicherheit bezüglich der Aussprache von Wörtern.
- Sie denken viel darüber nach, Ihr Fachwissen emotionaler zu verpacken.
- Sie nutzen meist nur einen kleinen Teil der Bühne und möchten sich mehr bewegen.
- Das Publikum ist für Sie eine große Unbekannte.
- Die Gefühlslage des Publikums ist Ihnen nicht ausreichend bekannt.
- Ihre PowerPoint- oder Keynote-Präsentation gibt Ihnen Struktur, aber hemmt zugleich Ihre Spontaneität.
- Ihre Körpersprache unterstützt eventuell Ihren Redebeitrag noch zu wenig.
- Sie wissen, dass die Hände irgendwo anders hin müssten.
- Sie sind bei einem Vortrag über eine Stunde stimmlich ziemlich gefordert.
- Ihre Stimme wäre mit Variationsmöglichkeiten sicher noch interessanter.
- Sie empfinden, dass längere Zeit zu sprechen ganz schön anstrengend ist.
- Ihre Redezeit läuft Ihnen manchmal davon. Sie müssen dann Teile auslassen oder erreichen das Ende nicht richtig.
- Der Abschluss könnte prägnanter und kraftvoller sein.
- Manchmal müssen Sie spontan eine Stellungnahme abgeben und Sie streben für diese Situation mehr Lockerheit und Sicherheit an.
- Sie müssen nicht bloß Angenehmes, sondern auch Unangenehmes mitteilen und wollen das souverän tun.
- Sie vermissen eine gewisse Routine von Redeanlass zu Redeanlass.

Sollten einige dieser Punkte auf Sie zutreffen, dann können Sie sich mit diesem Buch stetig verbessern. Sie müssen sich nur entscheiden, jetzt mit der Umsetzung zu beginnen. Sie müssen sich immer entscheiden, Dinge voranzubringen. Nichts zu tun, ist keine Option. Machen wir nun die Erfolgsfaktoren des Sprechens ausfindig.

1.5 Die Erfolgsfaktoren des Sprechens

Niveau sieht nur von unten betrachtet wie Arroganz aus.

Wird verschiedenen Autoren und Urhebern zugeschrieben

Die Kunst des Sprechens ist nicht die Kunst, mit schönen Worten inhaltliche Leere zu verbergen. Wer das beharrlich versucht, wird niemals ein hohes Niveau bei Reden erreichen. Deswegen wollen viele Menschen Ihren Auftritt verbessern, scheitern jedoch an der Herangehensweise. Ein reines Auftritts- und Sprechtraining nützt gerade im Business-Kontext, wo am Ende immer Ergebnisse zählen, wenig. Den Fokus nur auf Inhalte, Argumente und das scheinbar Richtige und Wichtige zu legen, führt aber ebenso wenig zum Erfolg.

Wenn Sie vor Menschen sprechen, geht es um Ihre authentische Wirkung. Zuhörer erkennen sehr schnell, ob Sie glaubwürdig agieren oder nicht.

Sinnvoll ist es, die sprechtechnischen Abläufe und die Inhalte Ihres Sprechens zu optimieren. Uns geht es dabei um die niveauvolle Verknüpfung von drei wesentlichen Elementen: Auftritt, Emotion und Souveränität.

Auftritt

Die ganze Welt ist Bühne und alle Frauen und Männer bloße Spieler.

William Shakespeare, englischer Dramatiker und Schauspieler

Sobald Sie eine Bühne betreten, ein Mikrofon in die Hand nehmen, Ihren Laptop aufklappen, die Zuhörer begrüßen, ... muss Ihnen eines klar sein: Ihr Auftreten zählt vom ersten Moment an. Für die erste Wahrnehmung der Zuhörer sind Sie verantwortlich.

Wenn Sie im Scheinwerferlicht des Mittelgangs betont lässig in Richtung Bühne gehen. Wenn Sie im firmeneigenen Konferenzraum räuspernd und unsicher aufstehen, um zu sprechen. Wenn Sie im Pressegespräch souverän und ruhig antworten und Ihre Kernbotschaften platzieren.
Sie wirken. Immer.

Jeder einzelne Auftritt zählt. Er ist wertvoll für das, wofür Sie stehen. Vor einem überschaubaren Publikum ist das genau so, wie vor einem riesigen Auditorium. In dem Moment, in dem Sie auf den Brettern, die angeblich die Welt bedeuten, stehen, läuft im Hintergrund auch Ihre Selbstvermarktung mit.

Alles, was auf der Rednerbühne passiert, hat für den Zuseher eine Bedeutung und erzählt ihm eine eigene Geschichte.

Für Ihren Aufritt erarbeiten Sie am besten eine Dramaturgie. Sie müssen dafür keinesfalls zum Theaterregisseur werden, aber eine gute Dramaturgie finden Sie bei jedem begeisternden Redner.

Vor einem Vortrag werden Sie Zeit in die Vortragserstellung investieren müssen. Zusätzlich müssen Sie aber auch daran arbeiten, wie Sie die Bühne nutzen, das Rednerpult links liegen lassen oder umklammern und Ihre besten Bilder darbieten.

Zu einem guten Auftritt gehört Spontaneität. Oder besser, das Gefühl von Spontaneität. Das Publikum muss den Eindruck haben, Sie sprechen so, als hätten Sie sich das jetzt eben erdacht. Das Unmittelbare ist für die Zuhörer unglaublich spannend. Die Menschen sollen sich fragen: »Was passiert mit dem Redner, während er unseren Vortrag hält? Was bringt die Einmaligkeit des Augenblicks als nächstes hervor?«

Der Illusion, dass die spontan und locker wirkenden TV-Situationen in der Samstaghauptabendsendung Zufall waren, erliegen Sie nicht, oder? Dort werden lange vorher Texte verfasst, Proben abgehalten und der unterstützende Applaus im Studio wird auch noch gesteuert. Das Publikum ist Teil der Inszenierung.

Eine wichtige Anmerkung zum Publikum. Ihre Zuhörer sind auch dafür verantwortlich, dass Ihr Auftritt gelingt. Als Vortragender oder Diskussionsgast leisten Sie hoch konzentrierte Arbeit. Als Redner geben Sie nicht nur Fachwissen weiter, sondern auch einen Teil Ihrer Persönlichkeit und Ihrer Emotionen. Dafür darf man Ihnen Respekt entgegenbringen.

Ihr Auftritt wird idealerweise von Gefühlen begleitet und löst beim Publikum wiederum Emotionen aus.

Emotion

Sie werden immer wieder Menschen finden, auch ohne sie zu suchen, die folgende Einstellung in sich tragen: Emotionen werden überbewertet. Es geht doch um klare Inhalte. Die Zuhörer brauchen Fachbegriffe und Erläuterungen. Die Mitarbeiter brauchen die neuesten Zahlen. Die Journalisten wollen Fakten.

Lassen Sie sich nicht irritieren. Die emotionslose und faktenbeladene Präsentation, die über den Beamer flimmert, missachtet einen wesentlichen Grundsatz. Wer vor anderen sprechen will, muss lernen, Emotionen auszulösen.

Gute Redner emotionalisieren die Menschen und gelangen dadurch oft an Spitzenpositionen. Nicht die reinen Fakten, sondern die sozialen Fähigkeiten, Soft Skills genannt, entscheiden. Die Neurobiologen haben uns gelehrt, den reinen Verstand gibt es nicht. Der Bonner Gehirnforscher Christian Elger vertritt den Standpunkt, es gibt keine Fakten ohne Emotionen.

Ihr Publikum muss die Möglichkeit haben, an Ihrer Gedankenwelt Anteil zu nehmen. Es muss die Möglichkeit haben, Ihre Gedanken zu verinnerlichen. Ansonsten erfährt es Ihre Wahrheit niemals.

Nichts ist wirklich spannender als ein emotionales Thema und ein begeisternder Vortragender. Emotionen können Sie nur dann übertragen, wenn Sie diese selbst empfinden. Sie müssen selbst berührt sein, um andere zu berühren. Das kann natürlich für rein sachliche und nüchterne Sprecher wie eine Bedrohung klingen. Muss es aber nicht. Es muss vielmehr die Hinwendung zu einer emotionaleren Form der Kommunikation sein.

Das Publikum braucht die Emotionen des Redners. Genaugenommen bucht das Publikum die Emotionen des Redners.

Es gibt im Grunde zwei Initiatoren für menschliches Handeln. Angst und Liebe. Daraus erkennen wir, dass existenzielle Themen interessant sind. Marcel Reich-Ranicki hat über Bücher und Autoren gesagt: »In der Literatur geht es nur um die Liebe und den Tod.« Die unglaublich erfahrene Schauspielerin Elfriede Irrall drückt es so aus: »Auf der Bühne muss es um Leben und Tod gehen.«

Wir müssen davon ausgehen, dass Reich-Ranicki und Irrall Recht haben. Wir dürfen uns existenziellen Themen nicht verschließen. Wie bringen wir diese Themen in unsere Rede? Das geht nur mit Emotionen.

Ein Redebeitrag darf aber nicht nur emotional sein. Das Publikum mag Menschen, die souverän auftreten.

Souveränität

Souveräne Sprecher bekommen ihre Gabe nicht geschenkt, sondern müssen dafür etwas tun. Diese Sprecher erarbeiten sich Reserven. Für uns bedeutet Souveränität, beim Sprechen nicht alles bis ans Limit ausreizen zu müssen. Es bedeutet, nicht eindimensional zu agieren, sondern ein breites Spektrum einzusetzen. Souveränes Sprechen können wir mithilfe dreier Themen erreichen.

Basis 1: Sprachliches Können

- Investieren Sie in Ihr sprachliches Können.
- Beschäftigen Sie sich mit der korrekten Aussprache.
- Verpassen Sie Ihren Reden eine persönliche Note.
- Denken Sie auch daran, Sprechtechnik in Seminaren oder Coachings zu lernen.
- Wenn Sie geniale Stimmen hören wollen, hören Sie Interviews und Texte, die berühmte Bühnenschauspieler gesprochen haben.

Basis 2: Bestechende Inhalte

- Sammeln Sie die besten Sätze und Zitate aus Ihrem Leben.
- Legen Sie sich eine Anzahl von Geschichten zu, die Sie thematisch ordnen.
- Beschäftigen Sie sich mit verschiedenen Ideen und Varianten Ihrer Vortragstitel und Inhalte.
- Suchen Sie aussagekräftige Bilder zu Ihren Kernaussagen.
- Investieren Sie Zeit in Ihre Präsentationsform (Freie Rede, Flipchart, PowerPoint/Keynote) und verbessern Sie diese ständig.

Basis 3: Musikalische Unterstützung für die Vortragsstruktur

- Sammeln Sie passende Musik für verschiedene Stimmungen.
- Orientieren Sie sich nicht zwingend an den aktuellen Charts.
- Verwenden Sie persönliche Lieblingsmusik, die eher zeitlos und stilvoll ist.

- Starten Sie Ihren Redebeitrag mit Musik und lassen Sie ihn mit Musik ausklingen.
- Scheuen Sie sich nicht davor, in ein Lied hinein zu sprechen.

Bei allem, was unsere Souveränität unterstützt und ausmacht, sind wir doch immer wieder zurückgeworfen auf unsere eigene Ideen und Fähigkeiten.

1.6 Ein beachtenswerter Unterschied

Wenn Sie gute Bühnenschauspieler für ihre Leistungen bewundern, die natürlich bewundernswert sind, dann bedenken Sie bitte eines. Schauspieler erhalten den Text durch den Autor des Bühnenstücks. Schauspieler haben einen Regisseur, der mit ihnen das Stück wochenlang erarbeitet und probt. Schauspieler haben einen Dramaturgen, der Zeit und Situation des Stücks erläutert. Schauspieler spielen in Kostümen und Bühnenbildern, die für Sie entworfen werden.

Als Redner steht Ihnen das alles nicht zur Verfügung. Ihren Text schreiben Sie in der Regel selbst. Sie verfügen normalerweise auch über keinen Regisseur. Und das Bühnenbild ist bestenfalls Ihre Präsentation, die der Beamer auf die Leinwand wirft. Sie machen alles im Vorfeld selbst und stehen dann noch alleine auf der Bühne.

Aber da gibt es doch Begleiter für Sie, die wir Ihnen vorgeschlagen haben. Ihre drei wesentlichen Elemente für faszinierendes Präsentieren und begeisterndes Sprechen: Auftritt, Emotion und Souveränität.

Im folgenden Kapitel *Die Inhalte des Sprechens* beschäftigen wir uns mit der Botschaft und Struktur.

2.

Die Inhalte des Sprechens – ohne Botschaft geht es nicht

Den Inhalten vorgelagert sind das Thema und die Motive des Sprechens. Sie kennen das sicher. Sie müssen oder dürfen immer wieder vor anderen Menschen sprechen. Egal ob im Berufs- oder im Privatleben, egal ob häufig oder selten, egal ob freiwillig oder gezwungenermaßen.

Oftmals können Sie sich vorbereiten, aber manchmal muss es ganz schnell und spontan gehen. Einmal ist das Thema vorgegeben, ein anderes Mal müssen Sie ein Thema selbst formulieren und entwickeln. Ihre Motive des Sprechens sind sowohl unterschiedlich im zeitlichen Umfang als auch in ihrer Zuhöreranzahl. Letztlich kennen nur Sie die genauen Umstände und Herausforderungen und selbst die ändern sich von Auftritt zu Auftritt.

2.1 Leitgedanke und Botschaft

Sie kennen diesen Moment, wenn es keine sinnvollen Verzögerungstaktiken mehr gibt, weil der Vortragstermin unaufhaltsam näher rückt? Sie kennen das Gefühl, jetzt endlich die Rede erstellen und üben zu müssen?

Irgendwann ist es so weit und die Vorbereitung muss anlaufen. Übrigens: Für manche ist irgendwann nie. Für andere ist irgendwann immer. Es ist eine reine Einstellungssache.

Wenn Sie einen Vortrag vorbereiten, machen Sie sich bitte zuallererst auf die Suche nach Ihrem Leitgedanken. Wenn Sie Ihre beherrschende Idee haben, ergeben sich daraus ganz logisch die Inhalte und Ihre Botschaft.

2.2 Themen strukturieren

Perfektion ist nicht dann erreicht,
wenn Sie nichts mehr hinzufügen können,
sondern wenn Sie nichts mehr weglassen können.

In Anlehnung an Antoine de Saint-Exupéry, französischer Schriftsteller und Pilot

Ihre inhaltliche Struktur ist extrem wichtig. Ihrer Kernaussage sollten Sie die Inhalte und Zitate, Anekdoten und Fakten unterordnen. So können Sie ihre Rede leichter strukturieren und entscheiden, was wirklich für den Vortrag wichtig ist.

Stellen Sie Ihre Inhalte in sinnvolle Zusammenhänge. Fassen Sie die einzelnen Aspekte Ihres Themas in Kapitel zusammen. Dafür gibt es keine konkreten Anleitungen oder Hilfestellungen, denn nur Sie können diese Entscheidung treffen. Sie sollten sich eine Frage stellen: »Welche Struktur macht für mich Sinn?«

Geben Sie jedem Abschnitt eine passende Überschrift. Wenn der Ablauf und die Überschriften logisch sind, haben Sie Ihre Struktur gefunden. Natürlich kann sich während des Übens und Weiterentwickelns Ihrer Rede eine andere, weil bessere, Struktur ergeben.

Ihre Gliederung eignet sich auch gut, um dem Publikum eine Übersicht zu geben. Dazu ein leicht umsetzbares Beispiel: »Es gibt vier Dinge, über die ich heute mit Ihnen sprechen möchte.« Dann schließen Sie jedes Kapitel ab und führen auch das aus: »Das war der erste Gedanke zum Thema. Punkt zwei beschäftigt sich mit …«.

2.3 Aufzählen und erzählen

Mit Aufzählungen erzeugen Sie Wissen und regen das Denken an. Mit dem Mittel der Erzählung bewirken Sie Aufmerksamkeit und Spannung. In einer guten Rede sind beide Elemente enthalten.

Ihr Erfolg hängt davon ab, ob Ihre Zuhörer zu einer wichtigen Überzeugung gelangen. Es muss sich für die Menschen lohnen, die Gedanken des Vortragenden in ihr eigenes Gedankengebäude einzubauen.

Jeder Einzelne in Ihrem Publikum wird sich in Hinblick auf das Aufzählen und Erzählen zwei Fragen stellen:

1. Sind die vorgetragenen Fakten für mich verständlich und schlüssig?
2. Entspricht das, was ich höre, meinen emotionalen Vorstellungen?

Damit Ihre Zuhörer diese Fragen positiv beantworten können, müssen Sie zuerst Ihr Publikum kennen. Dazu später mehr.

2.4 Kernbotschaft formulieren und Titel entwickeln

Nur eine Botschaft schafft den Weg ins Gehirn. Diese müssen sich alle im Saal merken können und diese müssen auch alle weitererzählen können. Ihre Kernbotschaft kommt dann an, wenn Sie diese während der Präsentation wiederholen und am Ende noch einmal auf den Punkt bringen. Natürlich dürfen Sie nicht für jedes Publikum Ihre Kernbotschaften verbiegen. Aber trotzdem können Sie etwas tun.

Sie sollten sich fragen:

1. Was ist für meine Zuhörer nützlich und relevant? Wie kann ich ihre Probleme lösen oder sie unterstützen, ihre Ziele zu erreichen?

2. Was ist für meine Zuhörer wertvoll und was ist ihnen wichtig? Welche Werte haben im Auditorium hohe Priorität?
3. Was ist für mein Publikum interessant und spannend? Was ist für die Menschen neu? Da nicht immer alles neu sein kann, wollen wir hier kurz präzisieren. Neu kann auch bedeuten: neu erzählt, neu betrachtet oder neu gedacht.

Wenn Sie eine Kernbotschaft haben, die vom Publikum gerne gehört und anerkannt wird, stellen Sie diese an den Beginn Ihrer Rede. Somit stellen Sie einen gemeinsamen Nenner mit dem Auditorium her. Die Menschen werden sich fragen, wie argumentiert der Vortragende seine Aussage?

Vermuten Sie, dass Ihr Publikum mit Ihrer Kernbotschaft nicht einverstanden sein könnte oder es Ihre Erkenntnis nicht gerne hört, dann setzen Sie die Kernbotschaft an den Schluss. Alle Argumente, die Sie während des Vortrags vorbringen, haben dann geholfen, die Menschen zu Ihrer Wahrheit zu führen.

Der Titel ergibt sich oft erst am Ende Ihrer Arbeit. Ein Titel muss sich entwickeln. Das braucht Zeit. Sie können sich für Ihren Titel zwei Fragen stellen. Enthält er ein Versprechen? Klingt er verlockend?

Versuchen Sie doch einmal diese Titelanfänge für Ihre Themen zu verwenden.

»Die Wahrheit über ...«
»Was sich wirklich hinter dem ...-Ansatz verbirgt.«
»Vergessen Sie alles über ...«

2.5 Grundüberlegung zum Spannungsaufbau

Wenn wir einen guten Spannungsaufbau realisieren wollen, müssen wir es schaffen, die Erwartungshaltung im Publikum zu treffen. Es geht für uns darum, Menschen zu bewegen und Spannung möglich zu machen.

Menschen bewegen

Wenn Sie erzählen, dass anfangs alles glatt lief, dass es dann fortlaufend besser wurde und im Endeffekt alles sehr, sehr erfolgreich ist – wobei sollen dann Ihre Zuhörer noch mitfiebern? Ein Held war noch nie deshalb ein Held, weil er alles mühelos erreicht hat. Ein Erfolg ist nur dann glaubwürdig, wenn er gegen Widerstände errungen werden konnte. Erfolg ist nicht allein die Tatsache, dass der Zustand jetzt positiv ist. Erfolg ist vielmehr ein Produkt daraus, dass wir einen Konflikt gut gemeistert haben.

Spannung erreichen Sie nicht dadurch, dass Sie nur Erfolge darstellen. Die Schwierigkeiten und Probleme, die Sie dafür überwinden mussten, machen das Ganze wirklich spannend. Die erbrachte Leistung müssen Sie den Herausforderungen gegenüberstellen. Das ist gut. Das bewegt die Menschen.

Wir brauchen den Konflikt, um uns lebendig zu fühlen.

Spannung möglich machen

Was ist für die Spannung bei Ihren Reden wesentlich?

- Ein starker Beginn.
- Sie müssen selbst im Fluss sein und bei den Menschen ebenfalls diesen Fluss auslösen.
- Ihr Wissen über Aktion und Reaktion im Raum entscheidet über den Spannungsbogen.
- Wichtig sind die thematischen Anschlüsse. Anschlüsse müssen Sie immer halten.
- Sie müssen schnell reagieren, was Sie sagen sollen und was nicht.
- Ein starker Abschluss.

Sie finden hier zwei sehr ähnliche Geschichten. Letztlich gibt ein einziges Wort den Ausschlag für eine völlig unterschiedliche Bewertung.

Version 1:
Mann trifft Frau.
Mann fragt Frau: »Willst Du mich heiraten?«
Frau sagt: »Ja!«

Eine simple Geschichte ohne Spannung. Alles ist geklärt. Unser Geist kann die Geschichte sofort abschließen.

Version 2:
Mann trifft Frau.
Mann fragt Frau: »Willst Du mich heiraten?«
Frau sagt: »Vielleicht.«

Hier ist Spannung möglich. Warum? Weil wir wissen möchten, was passiert. Unser Geist kann die Geschichte nicht so leicht abschließen. Wir bleiben in der Geschichte, wie auch die Zuhörer in unserer Rede bleiben sollen.

Damit wir es dem Publikum erleichtern in der Rede zu bleiben, setzen wir Gestaltungsmittel ein.

2.6 Stilistische Gestaltungsmittel

Stilfiguren, auch rhetorische Figuren genannt, sind Gestaltungsmittel, deren Ursprung in der griechischen Antike liegt. Viele rhetorische Stilmittel sind nicht geeignet, um sie in einer Rede einzubauen. Manchmal verwenden wir rhetorische Figuren unbewusst. Die Wirkung dieser Stilmittel ist aber unbestritten gut. Sie sind wie ein Werkzeugkasten. Setzen Sie ihn dosiert ein. Wir zeigen Ihnen hier einen kleinen Überblick.

Wiederholung – die Anaphora

Immer gleiche Satzkonstruktionen machen das Gehirn löchrig:

Wenn jeder von uns ...

Wenn jeder von uns ...

Wenn jeder von uns ...

Prägnanz – die Alliteration

Die Alliteration ist eine Wortfolge, bei der alle Wörter den gleichen Anfangslaut besitzen:

Manager müssen Mut machen.

Spiel, Spaß und Spannung.

Klarheit – die Anapher

Wiederholung von Worten oder Wortgruppen am Satzanfang:

Piloten haben ein hohes Einkommen.

Piloten haben ein hohes Ansehen.

Piloten haben aber auch sehr viel in ihre Ausbildung investiert.

Nachdruck – die Epiphora

Wiederholung von Worten oder Wortgruppen am Satzende:

Und das nur für dich,
für immer und dich,
für immer und dich. – Rio Reiser

Übersichtlichkeit – der Parallelismus

Eine Aussage in zwei oder mehrere gleich konstruierte Aussageeinheiten teilen: Immer mehr unterstützen den Gedanken: Mensch vor Profit, Umwelt vor Fortschritt.

Pointen – der Chiasmus

Aufeinanderfolge zweier Ausdrücke mit gleichen oder ähnlichen sprachlichen Einheiten, deren Reihenfolge im zweiten Ausdruck vertauscht wird:

Der Fortschritt des Wissens über gute Präsentationen ist rasant, träge dagegen die praktische Umsetzung auf der Bühne.

Gutes Ende – die Trias
Alle guten Dinge sind drei: Quadratisch, praktisch, gut.

Kontraste
Wenn wir im Kontrast zueinander stehende Wörter gegenüberstellen, wird die Wirkung der Wörter stärker:
Gibt es einen richtigen Weg, dann gibt es auch einen falschen.

Sie müssen eigenständige stilistische Ansätze finden, in denen sich Ihre Thematik wiederfindet. Das erfordert naturgemäß Arbeit.

2.7 Eine Minute braucht einen Tag

Jede Minute Ihres Vortrags braucht einen Arbeitstag an Vorbereitungszeit. Wir meinen damit die Vorbereitungszeit für Bühnen- und Vortragsprofis. Bedenken Sie einmal die Probenzeit am Theater, bevor sich der Premierenvorhang hebt. Bedenken Sie die Drehzeit für einen qualitativ hochwertigen Film. Und stellen Sie sich einen Vortragsredner bei einem Kongress vor achthundert Menschen im Publikum vor. Für diese Situationen gilt eines. Alles, was den Weg auf eine Bühne findet, wird genau erarbeitet. Natürlich können Sie eine berufliche Präsentation nicht so umfangreich vorbereiten. Aber eine Rede vor großem Publikum braucht viel Vorarbeit. Was Ihnen ja auch Vergnügen bereiten soll.

Mit diesem Buch werden Sie Ihre Vorbereitungszeit effizienter und effektiver nutzen, da wir Ihnen viele Informationen und Erfahrungen in die Hand geben.

In Kapitel 3 steht *Der gelungene Auftritt* im Fokus.

3.

Der gelungene Auftritt – wo sich alles verbindet

Die Meisten wissen, wie man eine Rede oder einen Vortrag standardmäßig hält. Die Wenigsten wissen, wie sie Zuhörer beeindrucken und mitreißen.

3.1 Historische Reden – bekannte Redeformen

Manche Autoren empfehlen, historische Reden für die eigenen Redeanlässe zu analysieren und ansatzweise einzubauen. Das sehen wir anders. Bei den bekannten Redeformen geht es uns nicht um eine Beurteilung der verschiedenen Typen. Es geht uns um das Bewusstmachen und das Erkennen der Unterschiede.

Historische Reden

Wann immer Sie Bücher oder Artikel zum Thema Große Reden lesen, stoßen Sie unweigerlich auf bekannte Auftritte. Die Titel lauten dann meist: »Ich habe einen Traum«, »Die Entscheidung zum Mond zu gehen« und »Ja, wir schaffen das«. Im Original klingt das so: »I Have a Dream.«, »The Decision to Go to the Moon« und »Yes We Can«. Martin Luther King, John F. Kennedy und Barack Obama wurden und werden als große Redner bezeichnet. Und das zurecht. Aber auch Helmut Schmidt, Roman Herzog und viele andere reihen sich im deutschen Sprachraum bei den großen Rednern ein.

Besondere und unwiederbringliche Auftritte gab und gibt es auch auf den Brettern, die die Welt bedeuten. Den grenzgenialen Oskar Werner erlebt zu haben oder seine Stimme und die des ebenfalls bereits verstorbenen Otto Sander zu hören, sind Beispiele dafür.

Dabei müssen wir die Reden und Bühnenauftritte immer im Sinne und Kontext der jeweiligen Zeit belassen. Es gibt in Wirklichkeit nur eine begrenzte Anzahl rhetorischer Mittel großer Persönlichkeiten. Und ganz wenige, die sich ins Heute herüberretten lassen. Sie würden aktuell mit der Rhetorik Kings und Kennedys scheitern. Die Wirkung dieser Reden ist an ihre Zeit und an ihre Positionen gebunden.

Wollen Sie Stil und Methode bekannter Redner für Ihre eigenen Präsentationen oder Vorträge anwenden?

Sie werden nur Nuancen wirklich übernehmen können. Jede Art des Kopierens wird zum Plagiat und funktioniert nicht. Was Sie Ihren Vorbildern gleich machen sollten, ist Ihr Publikum durch packende Geschichten und Ihre eigene Sprechweise zu begeistern.

Bekannte Redeformen

Die Sprache ist die große Verräterin des menschlichen Charakters.

Karl Kraus, österreichischer Schriftsteller und Herausgeber

Welche Persönlichkeit verwendet welche Redeform? Wir zeigen hier Unterschiede auf, damit Sie erkennen, welche Sprechmethoden immer wieder anzutreffen sind. Es geht uns nicht primär um eine Bewertung dieser Formen. Im Zentrum stehen vielmehr der Lerneffekt und die Umsetzung relevanter Redeelemente. Sie erkennen in kürzester Zeit, wer vor Ihnen spricht.

Die hochwissenschaftliche Redeform

Hierbei überfordert und stresst der Redner sehr oft sein Publikum. Er zitiert wie ein wandelndes Lexikon Fachbegriffe und Texte, schleudert sie ins Auditorium, egal ob seine Zuhörer ihm folgen können oder nicht. Diese Redeform setzt ein viel zu hohes Vorwissen voraus, ohne die Menschen bei Ihren Interessen abzuholen.

Die nachlässig empathielose Redeform

Bei dieser Redeform agieren Vortragende mit geringen empathischen Fähigkeiten sehr nachlässig. Sie ignorieren die Wünsche des Publikums dadurch, dass sie Zeiten und Themen nicht einhalten. Der Rede fehlt Struktur und inhaltliche Kompetenz.

Die spaßig unterfordernde Redeform

Kabarettistisches Überspielen von Nichtwissen und Effekthascherei kennzeichnen diesen Typus. Seine Ziele sind geringer Aufwand und große Wirkung. Dies mündet unweigerlich in niveauloses Geplänkel. Diese Redeform lässt ein höchstens bespaßtes Publikum zurück, wird aber der Redesituation nicht gerecht.

Die unbedarft langweilende Redeform

Der unbedarfte Sprecher langweilt sein Publikum mit ungewollten Rechtfertigungen. Er vermittelt, nicht zu wissen, warum gerade er redet und ob denn sein Thema überhaupt passt. Dadurch entsteht schnell ein einfältiger Eindruck. Das Publikum stuft Unbedarftheit als harmloses und oft inhaltsleeres Sprechen ein und langweilt sich. Mehr noch, die Zuhörer fühlen sich sogar um ihre Zeit betrogen.

Die ideale Redeform

Kompetenz und respektvoller Umgang zeichnen diese Redepersönlichkeit aus. Der ideale Redner bringt die Information, die das Publikum braucht. Er weiß, wie und womit er die Menschen abholen muss, weil er über eine hohe Anschlusskompetenz verfügt. Wissen und Emotion setzt er gekonnt ein. Im Gegensatz zu den oben angeführten Redeformen steht hier das Publikum im Zentrum.

Bekannte historische Reden und Redeformen finden Sie heute als Text, Tondokument oder Filmaufzeichnung mannigfaltig veröffentlicht. Wenn wir die Historie noch einmal bemühen, so hat uns Kurt Tucholsky in seinem Text *Ratschläge für einen schlechten Redner* das Wesentliche humorvoll mitgegeben.

3.2 Wissenswertes für Ihre Auftritte

Stellen Sie Ihr Publikum vor die Wahl. Die Wahl zwischen einem perfekten Inhalt, der schlecht erzählt ist und einem mittelmäßigen Inhalt, der souverän erzählt ist. Ihre Zuhörer werden immer den souverän erzählten wählen.

Wir brauchen mehr und weniger

Wir brauchen für unsere Auftritte mehr Menschenverstand und weniger Sachverstand. Das untermauern einige Zahlen und Details aus Studien.

In den ersten zehn Minuten Ihres Redebeitrages hört Ihnen noch jeder zu. Dann schwindet die Aufmerksamkeit des Publikums mehr und mehr. Das ist nicht nur bei Ihrem Publikum der Fall, sondern bei jedem Publikum so gelagert.

Erschwerend kommt hinzu, dass wir Menschen in einer Stunde Vortrag nur zwölf Minuten wirklich Neues aufnehmen und verarbeiten können. Die Kunst liegt darin, auch die verbleibenden 48 Minuten spannend zu gestalten.

Es existiert eine sehr umstrittene Auslegung von zwei Experimenten US-amerikanischer Forscher um Albert Mehrabian. Die 1967 durchgeführten Kommunikationsexperimente werden häufig als Mythos abgetan, sollen aber hier als Denkansatz dienen. Nach der Regel von Mehrabian scheint allgemein bekannt, wodurch die Wirkung eines Redners bestimmt wird:

- 55 Prozent durch Körpersprache und Gestik, Mimik und Augenkontakt
- 38 Prozent beruhen auf dem Effekt durch Ihre Stimmlage und Tonalität
- 7 Prozent durch den Inhalt des Vortrags, also den Worten und Sätzen

Es steht demnach 93 Prozent zu 7 Prozent. Worin wollen Sie investieren?

Andere Studien kommen naturgemäß zu anderen Ergebnissen. Verlässliche Studien zu den psychischen Prozessen der Informationsgewichtung und -abwägung stehen aus. Die mehr oder weniger bestätigten Zahlenwerte unterstreichen aber, wie wichtig die nonverbale Kompetenz ist.

Aufgrund dieser enormen Bedeutung von Körpersprache und Stimmqualität werden Bühnendarsteller intensiv in Stimmmodulation und Körpersprache trainiert. Schauspieler wirken nicht vorrangig mit Worten und Sätzen, sondern auch durch nonverbale Elemente.

Wenn wir das in den Mittelpunkt unseres Bühnenhandels stellen, dann werden wir uns ergebnisorientiert verhalten. Deswegen bezeichnen wir es als »ergebnisorientiertes Verhalten«. Bestimmte Gesten werden gestaltet, um ganz bestimmte Aussagen zu unterstreichen.

Dieser Verhaltensweise steht eine andere Verhaltensweise diametral gegenüber. Das »prozessorientierte Verhalten«. Der Sprecher gestaltet hier nicht seinen Körper oder seine Sprache, sondern seine Beziehung zum Publikum. Er kümmert sich vom Anfang bis zum Ende um die inneren Vorgänge zwischen ihm und seinem Publikum.

Viele Autoren und Trainer setzen auf die Prozessorientierung, da sie sich nicht mit Kunstfertigkeiten beschäftigen wollen. Wir finden es aber wesentlich spannender, die beiden Verhaltensweisen miteinander verschmelzen zu lassen.

Die beiden Kernfragen lauten: Was geschieht mit Ihnen während des Sprech- oder Auftrittsprozesses? Wie verändern und erweitern Sie dadurch unsere Persönlichkeit? Von Auftritt zu Auftritt treiben souveräne Sprecher diesen Prozess voran. Dadurch erweitern Sie Ihr Spektrum.

Überzeugen Sie, seien Sie unverwechselbar

Wenn Sie andere überzeugen wollen, geht das mit sachlichen Inhalten, aber natürlich auch mit Gefühlsargumenten. Sachargumente beruhen oft auf einer zwingenden Logik. Diese wird erkennbar bei: Expertenzitaten, wissenschaftlichen Meldungen, Studien. Gefühlsargumente, die Ihnen Aufmerksamkeit beim Publikum garantieren, sind: Nachrichten aus den klassischen oder sozialen Medien, aktuelle Zeitungsmeldungen, berührende Vergleiche, Geschichten – dabei insbesondere die selbst erlebte Geschichte, sowie Texte von Liedern oder Gedichten.

Denken Sie immer daran, abstrakte Angaben möglichst konkret zu präsentieren. Niemand erinnert sich am Ende Ihres Vortrags noch an die von Ihnen angeführten 76,48 Prozent. Sagen Sie besser, in acht von zehn Fällen. Das hat Kraft und eröffnet die Möglichkeit, im Gehirn des Zuhörers verankert zu werden. Das Gehirn der Zuhörer glaubt Ihnen, sobald Sie etwas sehr konkret präsentieren oder ein Beispiel liefern.

Je profilierter und unverwechselbarer Sie sind, desto besser lässt sich Ihre Performance vermarkten. Ihr Publikum möchte die Wahrheit einer Information nicht nur verstehen, es möchte sie auch spüren. Ihre Zuhörer lassen sich durch die Art und Weise des Erzählens leichter verführen als durch den Inhalt.

Wir empfehlen, Ihr Publikum sprachlich und ausdrucksmäßig zu überzeugen. Im Endeffekt muss Ihre Stimme und Ihre Sprache auf der Bühne einprägsam sein und ein Alleinstellungsmerkmal aufweisen. Ihre Sprache muss die Menschen im Raum direkt treffen.

Ihre Sprache muss treffen

Spannung hat etwas mit der Sprache zu tun. Jeder von uns will kraftvoll sprechen. Dabei müssen wir wenige Grundlagen beachten.

Verwenden Sie lebendige Verben

Wann immer Sie publikumswirksame Texte einsetzen wollen, greifen Sie zu dynamischen und intensiven Verben. Denken Sie beispielsweise an die Verwendung von: hetzen, packen, drücken, abstürzen, überleben, wirbeln, (für etwas) brennen, rattern, zischen. Mit lebendigen Verben erzeugen Sie Bilder, die Ihre Aussagen stützen. Verben haben generell größeren Emotionsgehalt als Hauptworte. Wenn Sie Ihre Rede lebendiger machen wollen, dann verabschieden Sie sich von Hauptwort-Monstern. Niemand will und kann eine Qualitätsmerkmaltabellengestaltungsrichtlinie wirklich hören oder verstehen.

Setzen Sie starke Sätze ein

Starke und einprägsame Satzteile, Sätze und Formulierungen haben eine besondere Wirkung. Dazu drei Vorlagen, die Sie für sich adaptieren können:

- *Morgen. Morgen vielleicht. Vielleicht heute Nacht schon. Wenn, wenn ...* – Wolfgang Borchert
- Es kann tödlich enden. Ich habe überlebt.
- *Hinter jeder Angst steht die Todesangst. Und welche Angst steht hinter der Todesangst. Es ist die Angst vor einem sinnlos gelebten Leben. Wofür es sich nicht zu sterben lohnt, lohnt es sich auch nicht zu leben.* – Claus Peter Seibt

Verwenden Sie Formulierungen, an die sich andere erinnern

Für die zeitliche Dimension: Minute für Minute, Stunde für Stunde, Tag für Tag. Nacht ohne Morgen.
Um Menschen klar anzusprechen: *Sie haben Name, Anschrift und Gesicht.* – Berthold Brecht

Lassen Sie Nichtssagendes weg

Nichtssagende Wörter und Formulierungen haben in einer ausdrucksstarken Rede nichts verloren. Sie kosten nur Zeit und Konzentration. Worthülsen und Weichmacher sind nicht elegant und entwerten Ihre Aussage.

Überdenken Sie den Einsatz dieser und ähnlicher Füllwörter: an und für sich, mitunter, vermutlich, irgendwie, möglichenfalls, eigentlich, ohnehin, wohl, Bereich, unter Umständen wäre es denkbar, vielleicht, ...

Auch ständig wiederkehrende Verlegenheitsformulierungen wie »Sag ich einmal«, »sozusagen« und am Satzende ein »oder« schwächen Ihre Aussage ab. Diese machen Ihre Aussagen unverbindlich.

Lassen Sie Formulierungen im Konjunktiv weg

Ein klassisches Beispiel ist »Ich würde meinen, dass ...«. Wenn Sie eine Meinung haben, müssen Sie dazu offen stehen. Wenn Sie andere davon ebenfalls überzeugen wollen, dürfen Sie Ihre Aussage nicht im Konjunktiv verstecken.

Verwenden Sie Aktivformulierungen

Zuviel Passivgebrauch schadet der Informationsaufnahme und Lebendigkeit. Ziehen Sie Aktivformulierungen (Tätigkeitsform) den Passivformulierungen (Leideform) vor. Passiv bezeichnet man auch als täterabgewandte Darstellung. Wir wollen aber genau das Gegenteil erreichen und menschenzentriert arbeiten.

Ersetzen Sie Fachbegriffe durch eindrucksvolle Ausdrücke

Wenn es Ihnen gelingt, Fachbegriffe durch ein anschauliches Wort oder einen bildhaften Ausdruck zu ersetzen, wird Ihr Redebeitrag interessanter. Konzentrieren Sie sich grundsätzlich auf deutsche Wörter und Ausdrücke. Englische Wörter und Sätze können Sie in Ausnahmefällen einsetzen.

Zitieren Sie wörtlich

Entscheiden Sie bitte selbst. Was bleibt mehr in Ihrer Erinnerung? Nehmen Sie an, Sie sprechen über Mitarbeiter.

Version 1: Der Mitarbeiter hat seine Zustimmung gegeben.
Version 2: Der Mitarbeiter sagt: »Ja klar, wir machen das.«

Die wörtliche Zitierweise hat wesentlich mehr Kraft. Emotionales Sprechen funktioniert damit relativ einfach.

Gewinnen Sie Ihre Zuhörer mit Klarheit und Ihrer Persönlichkeit

Eine gute Rede hat einen guten Anfang und ein gutes Ende – und beide sollten möglichst dicht beieinander liegen.

Mark Twain, amerikanischer Schriftsteller

Klar und verständlich

Sprechen Sie so, dass Ihr Publikum ohne Energieverlust zuhören kann. Kurze Sätze wirken gut, weil Ihre Zuhörer das Gesagte und den Inhalt ohne Barrieren aufnehmen. Wenn Sie einfache Sätze ohne Verschachtelungen verwenden, ist das ein wichtiger Schritt zur Klarheit und leichteren Verständlichkeit. Der unmittelbare Zugang zu Ihren Inhalten erleichtert es dem Publikum, aufmerksam zu sein und zu bleiben. Präsentieren Sie nur das, was zum »Ja!« beim Publikum führt. Jeden Satz, der nicht interessant und spannend wirkt, können Sie streichen. Gutes dürfen Sie natürlich dazu nehmen.

Persönlich und privat

Geben Sie den Zuhörern das Gefühl, Sie reden »nur für den« Zuhörer persönlich. Wenn Sie ein Thema präsentieren, können Sie wie folgt vorgehen. Zuerst den Bezug zu sich suchen und diesen auf das Persönliche herunter brechen. Das gibt Ihrer Rede Sicherheit und Persönlichkeit. So sind Sie stets echt.

Authentizität und Selbstvermarktung

»Sie müssen authentisch sein.« In jedem zweiten Erfolgsratgeber oder jedem ersten lesen wir das. Dabei sind wir gezwungenermaßen immer authentisch. Es bleibt uns nichts anderes übrig. Menschen können authentisch sympathisch oder authentisch völlig unsympathisch sein. Echtheit ist nicht das einzige Kriterium für Erfolg. Was Sie aber im Bezug auf Ihre Glaubwürdigkeit unbedingt vermeiden sollen, ist eines: Setzen Sie keine naive Authentizität ein. Sätze wie, »So bin ich nun einmal. Ich kann es nicht anders. Ich bin ein Lernender beim Vortragen. ...« haben auf der Bühne nichts zu suchen.

Wenn Sie Ihr Thema und sich selbst vermarkten wollen, kommt es darauf an, wie professionell Sie das angehen. Wer vor anderen spricht und sich dabei ständig bedankt und freut, hier sein zu dürfen, wirkt wenig professionell. Wer erfreulicherweise als Redner zur Veranstaltung kommen durfte und früher öfter schon ähnliches Glück hatte, fällt kaum auf. Sagen Sie, warum Sie sprechen. Am besten klingt das so: »Ich wurde heute mit meinem Thema eingeladen.«

Ausstrahlung und positive Haltung

Setz' dir Perücken auf von Millionen Locken,
Setz' deinen Fuß auf ellenhohe Socken,
Du bleibst doch immer, was du bist.

Johann Wolfgang von Goethe, deutscher Dichter und Dramatiker

Die Rednerwelt ist übervoll mit Erkenntnissen und Methoden. Vieles davon ist weder neu noch überraschend, noch überzeugend. Sie überzeugen nur durch Ihren eigenen Sprechstil.

Ihre Ausstrahlung macht Sie zu einer charismatischen Persönlichkeit. Sie sind dadurch in der Lage, andere Menschen starke Gefühle erleben zu lassen. Die Kraft der Wirkung auf andere nennen wir Charisma. Charisma führt dazu, dass wir Aufmerksamkeit erhalten. Charismatischen Menschen hören andere gerne zu.

Es gibt nicht »das Charisma« an sich. Jeder Mensch hat sein eigenes Wesen, das ihn unvergleichlich macht. Ausstrahlung ist bedingt lernbar. Jeder von uns hat Zugang zu Emotionen und zu seinen fünf Sinnen.

Sie müssen nicht unbedingt witzig oder besonders originell sein. Sie sollen sein, was Sie sind. Nur muss das, was Sie meinen und empfinden, zu dem stimmen, was sie durch Stimme und Körper ausdrücken. Charisma ist die Gestaltung einer verbindlichen und glaubwürdigen Beziehung.

Der Charakter ist unser Schicksal.

Oskar Werner, österreichischer Schauspieler

Sie sollten als Redner präsent und einzigartig sein. Finden Sie Ihren unverwechselbaren Stil. Zeigen Sie eine bemerkenswerte Bildsprache, eine spezielle Perspektive oder Ihren besonderen Sinn für Humor. Ihrer Kreativität sind wenig Grenzen gesetzt. Nur wenn Sie Ihre eigene Sprache, Ihren einzigartigen Charakter zeigen, sind Sie für das Publikum unverwechselbar.

Als Redner unterliegen Sie einem Vergleich

Das Publikum vergleicht Ihren Auftritt unbewusst und zwangsläufig mit den Inszenierungen der Medien. Die Reizschwelle zur Langweiligkeit sinkt rasant. Dabei können wir heute nicht mehr so aufmerksam sein wie früher. Werbung und Medien prägen uns. Wer mit iPhone und YouTube, Facebook und Twitter lebt, will eines. Er will schnelle Schnitte, rasante Wechsel und bildhafte Sequenzen. Es geht für uns als Redner nicht darum, das zu kopieren. Aber es geht darum, es nicht auszublenden.

Lockerheit und Routine

Das Publikum weiß nicht, was Ihre geplanten Vortragsinhalte sind. Das Publikum kennt Ihre Sätze nicht, die Sie sprechen wollten. Das Publikum kennt den Klang Ihrer Stimme nicht. Es ist nicht schlimm, wenn in der Rede etwas fehlt oder Sie etwas auf andere Art und Weise vortragen. Nur

Sie wissen, wie diese Stelle im Vortrag klingen sollte. Bleiben Sie locker, wenn Ihnen Abkürzungen im Text passieren. Bleiben Sie ruhig, wenn Sie eine Extraschleife einbauen. Mit zunehmender Routine werden Sie sogar Spaß daran finden, wenn Sie variieren können.

Jede Präsentation bringt ihre besonderen Herausforderungen mit sich.

3.3 Freie Rede

Obwohl ich wahrscheinlich zwei Stunden improvisieren könnte, benutze ich immer ein Manuskript.

Lee Lacocca, amerikanischer Manager

Die freie Rede ist eine »möglichst frei gehaltene« Rede. Menschen, die es besonders gut schaffen, ihre Zuhörer zu begeistern, arbeiten praktisch nie mit einem Manuskript. Oder besser. Sie arbeiten mit einem kaum sichtbaren Manuskript. Für eine freie Rede eignet sich vorwiegend ein Thema, das dem Redner nahe ist.

Wenn Sie frei sprechen müssen, können Ihnen bei der Vorbereitung diese Punkte helfen:

1. Idee: Am besten sind Themen aus Ihrer eigenen Erfahrungswelt.
2. Gliederung: Nützen Sie eine klare Gliederung wie: Einleitung – Hauptteil – Schluss. Oder: Gestern – heute – morgen.
3. Formulierung: Achten Sie auf eine korrekte Sprache und konkrete, bildhafte Formulierungen. Erwarten Sie nicht von sich, dass Sie jeden Satz wie vorbereitet vortragen müssen. Lassen Sie los. Sprechen Sie so frei wie möglich.
4. Übung: Probedurchläufe in der konkreten Sprechposition und Lautstärke geben Ihnen Sicherheit.

3.4 Präsentieren am Flipchart

Gerade in Zeiten dominierender Digital-Präsentationen über den Beamer gibt es noch Situationen, die etwas anderes erfordern. Spannend und wichtig sind die analogen Momente eines Vortrags oder eines Seminars, wenn Sie am Flipchart etwas zeigen und besprechen.

Für das Präsentieren am Flipchart gibt es hilfreiche Grundregeln:

- Sprechen Sie nicht mit dem Papier, sondern mit Ihrem Publikum.
- Für die Flipchart-Position im Raum können Sie sich einprägen: Im Zentrum sind Sie. Das Flipchart positionieren Sie bitte leicht versetzt hinter Ihnen.
- Zwei Dinge vertragen sich überhaupt nicht: Flipchart und Handmikro. Spätestens in dem Moment, in dem Sie einen Stift öffnen oder zusätzlich in die Hand nehmen wollen, kommt alles zum Erliegen.
- Ein ungeschriebenes Gesetz lautet: Große Redner verwenden große Stifte. Also Stifte, die breit sind. Zudem empfehlen wir Ihnen neuwertige Stifte und nicht solche, die geräuschvoll und fast leergeschrieben über das Papier kratzen.
- Wenn Sie Balken und Diagramme zeichnen, zeichnen Sie eine Dimension mehr. Das ist für Ihr Publikum anschaulicher und einprägsamer.
- Wollen Sie Spannung aufbauen, dann rücken Sie das Flipchart stillschweigend einen Meter nach vor. Blicken Sie in die Augen des Publikums. Alle wissen, jetzt kommt irgendetwas Besonderes.
- Aufmerksamkeit erhalten Sie, wenn Sie überraschend auf die Menschen im Raum zugehen und sie direkt ansprechen.
- Am Flipchart können Sie Aktivitäten setzen: Dinge, die Sie nicht tolerieren, mit großer Geste durchstreichen. Oder das große Blatt Papier abreißen, beiläufig zusammenfalten und weglegen. Ihr Publikum wird wissen, warum Sie das machen.

- Sie können bei kleineren Gruppen das Flipchart-Bild abfotografieren lassen oder den Teilnehmern nach Ihrer Präsentation Bilder davon zusenden. Das ist für den Transfer der Inhalte eine nachhaltige und sehr wirkungsvolle Möglichkeit.

Tun Sie mehr und tun Sie es anders, als es die meisten Vortragenden am Flipchart tun.

3.5 Präsentationsprogramme: PowerPoint, Keynote und Prezi

Heute unterstützen Präsentationsprogramme den Redner. Setzen Sie diese Hilfen ein, so bieten Sie Ihrem Publikum:

- Struktur – durch den vorbereiteten Ablauf
- Emotion – durch den Einsatz von Bildern, Musik, ...
- Substanz – durch inhaltliche Dichte, Studien, ...

Aber letztlich entscheidet noch immer die Qualität des Redners.

Der Einsatz der verschiedenen Präsentationsprogramme ist Ansichtssache. Eine Unterscheidung von PowerPoint, Keynote und Prezi ist zugleich eine Auseinandersetzung mit den Marktführern. Mit PowerPoint und Keynote konkurrieren Microsoft und Apple um das beste Präsentationsprogramm. Im Endeffekt ist es aber der Konkurrenzkampf zweier Philosophien. Prezi hat als plattformunabhängiges Programm eine Sonderstellung inne.

PowerPoint ist das Urgestein, wegweisend sei es aber schon längere Zeit nicht mehr. Es wirke optisch altbacken und sei nicht intuitiv nutzbar, bemängeln Kritiker. Immer mehr junge Menschen würden auf Keynote oder Prezi ausweichen. Mit Keynote sei es fast unmöglich, eine optisch unprofessionelle Vorstellung abzuliefern. Der Vorteil von Prezi sei zwar eine dreidimensionale wirkende Perspektive, aber Prezi komme noch nicht an PowerPoint und Keynote heran. Kommt es vielleicht auch nie.

PowerPoint bedient rund 500 Millionen Nutzer, Keynote hat einen Bruchteil davon und Prezi spricht von 50 Millionen Kunden. Quantität muss nicht zwangsweise Qualität bedeuten. Wir machen kein Geheimnis daraus, dass wir zu Keynote tendieren.

Unabhängig davon werden die gezeigten Folien der Präsentationen auf internationalen Veranstaltungen mehr und mehr zum Stilmittel und zum optischen Meisterwerk. Die Thesen und Argumente der Vortragenden sind darin anschaulich eingewoben. Doch ein Präsentationsprogramm alleine greift viel zu kurz. Verzichten Sie nicht auf eine gute Geschichte, das Zeigen einer Studie oder das Vorführen am Modell. Damit überzeugen und gewinnen Sie Menschen. Die Kraft der Rhetorik ist nicht obsolet geworden, seitdem wir Computer nutzen.

Trends, Gegentrends und Sonderformen

Den Stil der Zeit finden wir in vielen Präsentationen gut wiedergegeben. Wir empfinden es aber nicht als obligatorisch, fortwährend am Puls der Zeit zu agieren. Ihr Alleinstellungsmerkmal schätzen wir hingegen als sehr wichtig ein.

Effizienzgetriebene Präsentationen

Präsentationen sind heute stark effizienzgetrieben. Langatmige Erläuterungen sind nicht gefragt. Folienschlachten kennen nur Verlierer. Keiner kann Folienschlachten gewinnen. Weder Sie, noch Ihr Zuhörer – höchstens Ihr Mitbewerber oder Meinungsgegner. Die Inhalte sollen vielmehr schnell verfügbar, prägnant und punktgenau sein. Der Druck auf den Redner in der Wirtschaft wächst, denn die Präsentationen müssen knapper und strukturierter werden. In immer kürzerer Zeit gilt es, alle wichtigen Punkte gut zu präsentieren. Das bedeutet Konzentration auf das Wesentliche.

Effektivitätsgetriebene Präsentationen

Der Gegentrend dazu ist effektivitätsgetrieben. Präsentationen sollen Menschen bewegen. Es geht um Emotionen. Das soll durch das Erzählen von Geschichten, also dem Storytelling erreicht werden. Eingebettet sind diese Geschichten in Bilder oder Videos, die zusätzlich Emotionen hervorrufen. Hier spricht man von Digital Storytelling. Bei den Bildern dürfen Sie unsere uneingeschränkte Zustimmung erwarten. Videos sehen wir kritisch. Dazu später mehr.

Pecha Kucha – 20 × 20

Ein Format der Inszenierung, das sich in gewissen Szenen etabliert hat, nennt sich Pecha Kucha. Dabei gilt es, zwanzig Folien in zwanzig Minuten zu zeigen. Diese 20 × 20 Taktzahl ist natürlich herausfordernd, hat aber ihre Liebhaber gefunden.

High Dynamic Presentation

Eine High Dynamic Presentation liefert die Schlagworte, die der Referent verwendet, in Echtzeit auf die Leinwand. Dieser Effekt wird oft durch zusätzliche Bilder verstärkt. Das verleiht den einzelnen Worten mehr Kraft und wirkt auf gewisse Art einprägsam, aber auch überfordernd.

Stil, Format und Folien-Design

Das vorhin zitierte Alleinstellungsmerkmal wird wesentlich von Ihrer stilistischen Eigenständigkeit, dem gewählten Format und dem individuellen Folien-Design geprägt.

Stilistische Eigenständigkeit

Finden und bewahren Sie sich Ihre stilistische Eigenständigkeit. Folienvorlagen und andere Vorgaben der Auftraggeber empfehlen wir nicht zu übernehmen. Wie wollen Sie sich von anderen Rednern unterscheiden, wenn Sie dasselbe grafische Grundgerüst verwenden?

Ihre eigene Startfolie ist eine ganz zentrale Angelegenheit. Es ist jene Folie, welche das Publikum sieht, wenn es auf Ihren Auftritt wartet oder während Sie anmoderiert werden. Auf Ihrer Startfolie ist es empfehlenswert, das Logo der Veranstaltung und auch Ihr eigenes Logo einmal zu zeigen. Auf allen folgenden Präsentationsseiten, mit Ausnahme der Schlussfolie, haben diese beiden Logos nichts mehr verloren. Jeder im Publikum weiß, wer Sie sind und für wen Sie hier auftreten.

Die Startseite hat noch einen weiteren Sinn. Sie fassen auf dieser Ihre eigene Kurzvorstellung in einem Satz zusammen. Mindestens genauso wichtig wie Ihre Selbstvorstellung ist Ihr Satz, der nun darunter folgt. Damit meinen wir einen Satz, den die Presse, die Branche oder Kunden über Sie geschrieben oder gesagt haben. Sie zitieren diesen Satz oder dieses Statement in Anführungszeichen und unter Nennung der Quelle. Dies ist Ihre charmante Selbstvorstellung, ohne dass Sie über sich selbst reden müssen. Die Startfolie selbst empfehlen wir grafisch schlicht zu halten. Damit bleiben Sie noch ein wenig zurückhaltend. Die Spannung muss sich erst aufbauen.

Für die Folienoptik gibt es wechselnde stilistische Trends. Aktuelle Bezeichnungen dafür sind Transparent, Ghost, Kacheln und Kreis. Wenn Sie die Suchfunktion im Internet verwenden, erfahren Sie dazu und zu weiteren Trends die Details.

Wählen Sie generell eine klare und seriöse Schriftart, die sich gut vom Hintergrund abhebt.

Format und Design der Folien

Sie kennen es noch, das Fernsehbild der Großelterngeneration? Das war damals gut und zeigte uns die Welt im 4:3-Bildformat. 4:3 ist aber ein Format aus dem letzten Jahrtausend. Auf vielen Veranstaltungen und wegweisenden Kongressen wird unsere Wahrnehmung derzeit noch mit diesem Format konfrontiert. Heute sind aber Breitbildformate Standard. Das Format 16:9

sollte die Grundeinstellung für jeden Ihrer Foliensätze sein. Alles andere beschneidet die Wirkung Ihrer Aussagen und Bilder. Jedes andere Format müssen Sie aus Gründen der schlechten Wirkung vergessen.

Der Hintergrund Ihrer Folien soll dunkel sein. Entscheider lieben einen dunklen Hintergrund, dieser vermittelt Hochwertigkeit und spricht Menschen an.

Animationen und überdimensionale Rufzeichen, gezeichnete Blumen oder Herzen sind auf professionellen Folien störend und beschädigen die Wirkung des Inhalts.

Das Umschalten von Folie zu Folie bezeichnet man als Übergang. Für Ihre Übergänge empfehlen wir Ihnen keinesfalls »Animationswelten« mit herein- und hinausfliegenden Folien und Glitzersternen. Besser ist ein klassischer, eleganter und niveauvoller Übergang mit verblassenden Folien.

Auf Ihren Folien sollen nicht mehr als vier bis sieben Zeilen Text stehen. Und das bei gutem Kontrast und Schriftgrößen, die uneingeschränkte Lesbarkeit garantieren.

Aufzählungspunkte (Bullet-Points) benötigen keine blinkenden Symbole, denn sie sollen sich im Hintergrund halten. Wichtig ist, dass alle Ihre Folien identische Aufzählungspunkte aufweisen.

Blenden Sie bitte niemals Seitenzahlen ein. Ihre Zuhörer könnten trotz Ihrer Präsentationsfähigkeit zu gähnen beginnen, wenn sie zu Beginn rechts unten lesen: »Folie 1 von 128«.

Redner zeigen gerne viele, viele Grafiken. Aber viel hilft nicht viel. Grafiken vermitteln wenig bis keine Emotionen. Gute Redner erlauben sich nicht, ihr Publikum zu langweilen. Zahlen vermitteln Sie am besten vereinfacht und mit guten bildhaften Vergleichen. Den Zahlenwert 88,79 Prozent will sich niemand merken. Füllen Sie aber die gesamte Folie mit der Zahl »90«, bleibt diese Ihren Zuhörern sicher in Erinnerung.

Bilder

Durch visuelle Eindrücke können Sie Kontakt zum Publikum herstellen und aufrecht halten. In der Visualisierung können Sie viel tun, um den Zuschauer abzuholen und während des ganzen Vortrags einzubinden.

Verwenden Sie Bilder stets großflächig! Damit meinen wir die großzügige und formatfüllende Verwendung bis zum Bildschirmrand.
Stellen Sie nie mehrere Fotos auf eine Seite. Wichtige Details können Sie über schrittartige Fotovergrößerungen wie eine »Zoom-Kamerafahrt« von Bild zu Bild herausarbeiten.
Welche Bilder sind interessant? Bilder mit Emotionen, Bilder mit Geschichte und Bilder, die positiv verstören. Denken Sie unbedingt auch an eigene Bilder. Bilder von früher und Schwarz-Weiß-Aufnahmen der Eltern oder Großeltern sind eine gute Möglichkeit. Bilder in Sepiatönen wirken ebenfalls stilvoll. Sie sollten auch das eine oder andere Freizeitbild, Sportbild oder Bilder aus Ihrer Profession einbauen. Zeigen Sie, wer oder was Sie geprägt hat.

Manchmal ist es schön, nichts zu zeigen, also weder Bild noch Text. Dann hilft Ihnen die B-Taste Ihrer Tastatur oder eine bestimmte Taste am Präsenter, das ist die Fernbedienung zum Weiterschalten. Mit dieser Taste zeigt der Bildschirm oder Beamer nur ein bestechendes Schwarz.

Musik und Videos

Die Musik setzen wir aus mehreren Gründen ein. Wir brauchen die Musik am Redebeginn, um die Vorsituation zu durchbrechen. Auch, um Abstand zwischen Ihnen und dem Vorredner zu bekommen, egal ob er brillant oder unvergleichlich schlecht war. Musik hilft Ihnen, Abläufe zu strukturieren und Stimmung zu gestalten. Musik verschafft Ihnen Pausen, in denen Sie etwas trinken, Dinge ablegen oder einen Positionswechsel vollziehen können. Am Ende hilft uns die Musik, das Publikum zu entlassen und unseren Applaus vorzubereiten. Musik kann für die Stimmung und Emotion Großartiges leisten. Verzichten Sie in Ihren Vorträgen nicht auf Musik, ohne sie inflationär zu verwenden.

Wenn Sie Videos einbinden wollen, dann bitte nur über die direkte Speicherung in der Präsentationsdatei. Alles andere ist technisch nicht empfehlenswert. Generell sehen wir den Videoeinsatz sehr skeptisch. Wie sehen Sie das? Kommt Ihr Publikum zum »Fernsehen« oder will es Ihren Vortrag hören?

Rechtliche Anmerkung: Wann immer Sie Bilder, Musik, Videos, ... zeigen, müssen Sie im Besitz der Rechte sein.

Betreutes Lesen

Kennen Sie diese Situation? Der Vortragende dreht sich zur Leinwand, klickt seine Folien durch und liest von diesen alle Informationen ab. Die Menschen im Publikum sind aber naturgemäß früher mit dem Ablesen fertig als der Redner mit dem Vortragen. Klingt spannend, oder?

Ihnen ist klar, dass Sie bei Präsentationen nie von den Folien ablesen dürfen. Wer das macht, befindet sich nur im Modus »betreutes Lesen«. Betreutes Lesen hat in dynamischen Zeiten und wegweisenden Vorträgen nichts verloren.

Ihre Textzeilen bauen Sie am besten Schritt für Schritt auf. Sie blenden auf einer Folie oder auf neuen Folien nur einen Satz oder ein Wort neu ein. Nämlich jenen Teil, über den Sie gerade sprechen. Das gesprochene Wort muss zeitgleich mit der Folienbotschaft kommen. Zusätzlich müssen Sie jedes Element, das der Hauptbotschaft Leseenergie wegfrisst, von der Folie entfernen. Machen Sie keine Quellenangaben bei Grafiken oder andere ablenkende Hinweise in kleiner Schriftgröße. Ihr Publikum soll sich nur auf das Wesentliche konzentrieren müssen.

Für den Spannungsaufbau ist außerdem eines empfehlenswert. Zuerst über die nächste Folie, das nächste Foto sprechen und erst dann weiterklicken.

Referentenansicht und Moderatorenmonitor

Präsentationsprogramme bieten Ihnen eine sehr gute Hilfe für Ihre Lockerheit an. Mit den Werkzeugen der Referentenansicht (PowerPoint) und dem Moderatorenmonitor (Keynote) können Sie sich Notizen in Ihre jeweilige Präsentation machen. Diese Notizen sehen nur Sie auf Ihrem Laptop. Ihr Publikum sieht über den Beamer die Standardpräsentation.

Auf Ihrer Ansicht der Präsentation sehen Sie in einem eigenen Fenster am Bildschirm:

- Ihre Stichwörter und Ihren Text
- die nächste Folie als kleines Vorschaubild
- den Präsentationsfortschritt anhand der abgearbeiteten Folien
- die bisherige Redezeit

Wenn Sie diese Hilfen einsetzen, haben Sie dadurch wesentliche Vorteile. Die Sicherheit und Zeitübersicht, die gewonnene Bewegungsfreiheit und die freien Hände erhöhen Ihre Souveränität.

Quintessenz

Die richtige Inszenierung ist entscheidend, um die besten Ergebnisse für die eigene Präsentation zu erzielen.

Die einen sind dafür, die anderen sind dagegen, die Dritten wissen es noch nicht. Es geht darum, den eigenen Stil der Präsentation zu finden und ständig weiterzuentwickeln. Geben Sie sich nicht mit dem zufrieden, was Sie heute bieten. Arbeiten Sie ständig, auch heute, an Ihrem Vortrag, damit er morgen schon wieder anders klingt und aussieht als gestern noch.

Ein guter Vortrag verändert sich von Redeanlass zu Redeanlass und von Publikum zu Publikum. Verlassen Sie sich nicht auf die momentane Wirkung, denken Sie an den zukünftigen Erfolg. Der weltberühmte und einzigartige österreichische Musiker Falco hat das zeitlebens so ausgedrückt: »Der Erfolg ist ein Hund. Er gibt dir immer recht.«

Eine Rede, ein Vortrag und eine Präsentation sind im Grunde Produkte und Live-Erlebnisse. Diese müssen Sie ständig verbessern und weiterentwickeln.

3.6 Vom Ablesen zum freien Sprechen

Wollen Sie Ihren Vortrag sicherheitshalber ablesen oder vollkommen frei sprechen? Was ist Ihr persönlicher Anspruch? Was ist der Anspruch des Redeanlasses? Was erwarten Ihre Zuhörer? Das Ergebnis Ihrer Vortragsqualität wird unmittelbar damit zusammenhängen, wie viel Sie investieren.

Mit jedem der folgenden fünf Schritte können Sie mehr und mehr sicher und faszinierend wirken:

1. Das vorbereitete Ablesen
Hier geht es darum, den Text mit Zeichen und Markierungen vortragstauglich aufzubereiten. Die Betonungen und Pausen, Satzzeichen und wichtigen Wörter passen somit ganz sicher. Es bleibt aber ein Ablesen.

2. Die Stichwort-Text-Kombination
Das Besondere ist, dass Stichwörter den Text abschnittsweise ersetzen. Dadurch kommt mehr Leben in den Vortrag, da der Redner auch frei formuliert. Zudem gibt es mehr Möglichkeiten für Blickkontakt. Die Rede wird freier und lebendiger.

3. Die Kartenmethode

Moderationskarten sind Ihnen aus Fernsehsendungen oder Moderationen bei Veranstaltungen bekannt. Beim Vortrag ist es sinnvoll, sich jeweils zu einem Überthema Textstellen und Stichwörter auf eine Karte zu schreiben. Auf der Kartenrückseite ist ein idealer Platz für Ihr Logo oder Ihren Namen. Die Karten bitte immer durchnummerieren. Sollten Ihnen die Karten entgleiten oder vom Tisch rutschen, können Sie diese wieder schnell sortieren.

4. Die Stichwortgliederung

Bei dieser Methode sind Sie in der Lage, alleine durch Stichwörter über längere Zeit zu sprechen. Hinter jedem Stichwort verbirgt sich natürlich eine Geschichte, eine Studie oder eine Kernbotschaft. Entweder verwenden Sie einen Zettel (Format A5) für alle Stichwörter oder Karten, auf denen Sie die Stichwörter aufteilen.

5. Der Medientrick

Sie sprechen über das, was auf der Bühne ist. Das kann Ihre Präsentation sein, aber auch ein Plakat, ein Modell oder ein Produkt. Mit Hilfe von aussagekräftigen Folien oder mit der Hilfe eines Produkts können Sie die Aufmerksamkeit des Publikums über längere Zeit hoch halten. Es ist interessanter für die Zuhörer, wenn Sie keine Zettel oder Karten in den Händen halten. Sie bewegen sich dadurch viel freier und intensivieren Ihren Blickkontakt. Beides macht Ihren Auftritt souveräner.

3.7 Üben durch lautes Sprechen und durch Aktivitäten

Wer einen Vortrag üben will, sollte dies nicht, wie früher empfohlen, vor dem Spiegel tun. Keiner kann gleichzeitig präsentieren und sich selbst analysieren. Besser ist es, den Vortrag mit dem Mobiltelefon zu filmen. So können Sie unterschiedliche Pausen und Betonungen, Aktivitäten und den Blickkontakt ausprobieren. Sie sehen dann, wodurch Sie die beste Wirkung erzielen. Viele erschrecken, wenn Sie die eigene Stimme hören. Die Aufzeichnung klingt anders, als wir uns selbst hören. So wie wir uns selbst hören, hört uns kein anderer. Die Aufnahme kommt da näher an die Realität heran. Seien Sie beim Üben nicht zu selbstkritisch. Eine Rückmeldung von vertrauten Menschen ist objektiver.

Sie müssen beim Trainieren Ihrer Rede oder Ihres Vortrags unbedingt laut sprechen. Wer nur leise formuliert, der überhört auch seine eigenen Fehler. Es ist aus mehreren Gründen wichtig, dass Sie tatsächlich laut sprechen. Einerseits geht so vom gedachten Wort im Gehirn die Sprache über die Sprechorgane nach draußen. Andererseits müssen Ihre Sprechwerkzeuge in der Lage sein, einen sprachlichen Ausdruck sprechökonomisch über längere Zeit zu halten.

Absolut empfehlenswert ist, alles aktiv zu tun, was im Vortrag passiert. Nehmen Sie Ihre Positionen ein. Klicken Sie Ihre Folien weiter. Zeigen Sie Studien oder Bücher. Trinken Sie auch einmal einen Schluck Wasser an der passenden Stelle.

Welche Stellen im Vortrag sollen wir generell besonders gut können? Wo brauchen wir die meiste Sicherheit? Klar, es ist der Beginn. Ihre Anspannung ist am Redebeginn wahrscheinlich am allergrößten. Mit jedem Satz gewinnen Sie Sicherheit. Deswegen investieren Sie bitte viel Zeit in einen souveränen Start. Durch Vortragscoachings und Sprechtechnikschulungen lassen sich Erfolge erzielen, weil die Menschen die Bereitschaft zum Üben mitbringen. Je mehr Sie üben, desto lockerer und besser werden sie. Das lässt sich nicht wegdiskutieren.

3.8 Design durchziehen und Kleidung anpassen

Generell werden Sie nur dann als stilsicher anerkannt, wenn sich Ihr Design durchzieht. Der Stil Ihres Auftritts soll anhand Ihrer Präsentationsfolien, Ihrer Bildsprache, Ihrer Musik bis hin zu Ihrer Kleidung erkennbar sein.

Wenn Sie ein eigenes Logo oder einen Schriftzug besitzen, dann präsentieren und repräsentieren Sie bitte Ihre »Marke«. Sie haben dazu Gelegenheit auf der Starfolie, auf den Moderationskarten, auf Ihrem Laptop und Ihren Unterlagen für das Publikum.

Wenn Sie ein wenig eleganter gekleidet erscheinen, als es die Veranstaltung verlangt, machen Sie wenig falsch. Oft ist einige Tage vor Ihrem Auftritt ein Anruf bei den Verantwortlichen hilfreich. Dadurch erfahren Sie meist genau, welche Kleidung passend ist und sind niemals overdressed.

Ihre Kleidung kann beim Auftritt wenig retten, aber sie kann viel zerstören. Ein langweiliger Vortrag wird niemals durch eine perfekte Kleidung gerettet. Wenn Sie aber unpassend gekleidet sind, kann dies Ihre Glaubwürdigkeit beim Publikum schädigen, schon bevor Sie zu sprechen begonnen haben.

Worauf Sie besonderen Wert legen sollen, sind Ihre Schuhe. Diese müssen natürlich zur Kleidung passen und auf jeden Fall eine gute Passform besitzen. Schauspieler und Vortragende müssen einen guten Stand, eine gute Erdung haben, um souverän auftreten zu können.

3.9 Ihr Publikum

Wann hören Menschen zu? Hören sie zu bei Keynotes?

Alexander Goebel, deutscher Schauspieler, Musical-Darsteller, Hörfunkmoderator und Redner

Dem Publikum dürfte es ziemlich egal sein, ob Sie Ihren Vortrag als Keynote und sich selbst als Keynote-Speaker betiteln oder lieber bei der Bezeichnung Vortragsredner bleiben. Aus Sicht des Publikums ist es viel wichtiger sich als Redner zu fragen: Wann hören Menschen zu?

Erforschen Sie Ihr Publikum – klären Sie die Erwartungshaltung Ihrer Zuhörer

Wenn Sie es schaffen, an die Lebenswelt Ihrer Zuhörer anzuknüpfen, haben Sie den allerbesten Zugang hergestellt. Wer als Redner seine Inhalte für die Zuhörer personalisiert, erreicht die Menschen und erreicht mehr mit seinen Inhalten.

Provokant formuliert können Sie sich fragen: Was wollen die Menschen im Auditorium von mir?

Natürlich können Sie sich auch fragen:
Was kann ich bieten?
Welchen Zugang und welche Beweggründe haben die Zuhörer?
Was braucht das Publikum?
Was will es hören?
Mit welchem Detailwissen kann ich Erstaunen auslösen?
In welchem Zustand soll der Zuhörer sein, wenn die Rede ausklingt?

Genau das müssen Sie sich fragen. Wenn Sie das nicht machen, dann sprechen andere, die sich darum wirklich kümmern.

Niemand kommt unvoreingenommen zu Ihrem Vortrag. Das ist eine Haltung, die Ihnen nie begegnen wird. Jene, die Ihnen gegenübersitzen, werden das eine oder andere gehört und sich ihre Meinung gebildet haben. Vielleicht haben sie sich auch zu Ihrer Person Gedanken gemacht. Das Publikum kann Sie ganz toll finden oder Ihnen schlecht gesinnt sein. Das kann Ihnen alles passieren. Das ist völlig normal. Die Frage ist nur, wie Sie damit umgehen?

Erforschen Sie Ihren Auftraggeber, die Veranstaltung und die Rahmenbedingungen

Heute ist es eine Leichtigkeit, an Informationen über Ihre Auftraggeber zu gelangen. Fügen Sie ab und zu Kernaussagen des Kunden in Ihre Rede ein. Das erfreut die Menschen besonders. Erfreute Entscheider buchen Sie gerne wieder. Sollten Sie international auftreten, ist es wichtig, sich Gedanken über den Kulturraum Ihres Publikums zu machen. Dadurch beugen Sie Missverständnissen vor und umschiffen das eine oder andere Thema gekonnt. Es gibt viele kulturelle Unterschiede. Wir führen hier nur exemplarisch an, dass Zuhörer aus Fernost die Augen bei einem Vortrag manchmal schließen und nur zögerlich interagieren. Menschen aus den USA hingegen applaudieren gerne zwischendurch, wenn sie etwas gut finden.

Eine besondere Herausforderung sind internationale Auftritte, bei denen Ihre Rede simultan in eine oder mehrere Sprachen übersetzt wird. In diesem Fall müssen Sie den Dolmetschern Zeit einräumen. Langsameres Sprechen und gut gewählte Sprechpausen gewährleisten eine gute Übersetzung. Den zeitlichen Versatz in der Reaktion Ihres Publikums sollten Sie dabei ebenfalls berücksichtigen.

Was Ihre Zuhörer wollen

Wir können Ihnen nicht die Motivation der Menschen im Publikum prognostizieren. Wir werden Ihnen aber generell etwas zum Publikum sagen. Die Grunderwartung der Menschen in Ihren Vorträgen ist sehr ähnlich gelagert.

Die Zuhörer wollen Emotionen erleben. Die Zuhörer wollen Ihre Leidenschaft für das Thema spüren. Die Zuhörer wollen unterhalten werden, Spannung erleben, den Weg gezeigt bekommen. Im Grunde ihres Herzens suchen Menschen in jeder Rede und jedem Seminar für sich nach Anerkennung. Sie wollen allein schon dafür Anerkennung, dass sie zuhören. Wenn die Menschen von Ihrer Rede und Ihrer Person begeistert sind, gibt ihnen das die Kraft zum Handeln. Die Zuhörer können dadurch neue Ziele erreichen. Und das ist eine gute Motivation.

Publikumszentriert agieren

Wir empfehlen Ihnen bei der Ansprache »Sie«, »Ihr« und »Ihnen« zu verwenden. Außer Sie sind im beruflichen Umfeld mit Ihrem Publikum persönlich bekannt und pflegen das Du-Wort.

Publikumszentriert bedeutet, die Menschen und Ihre Anliegen in den Mittelpunkt zu stellen. Niemand wird so naiv sein und denken, dass er nach Ihrem Vortrag alles mit Leichtigkeit lösen kann. Reden Sie deshalb nicht nur über das Angenehme, sondern auch über das Unangenehme. Welche Anstrengungen und Entbehrungen kommen auf die Leute zu, wenn sie sich auf dieses Unterfangen einlassen? Und warum ist es diesen Preis wert? Publikumszentriert bedeutet, die Menschen ernst zu nehmen. Von der ersten bis zur letzten Minute muss das zu spüren sein.

Interaktion – Redekompetenz ist Anschlusskompetenz

Gute Redner erkennt man daran, dass sie ihren Rede-Monolog mit einem Mindestmaß an Dialog-Elementen versehen. Somit wird Interaktion in Ansätzen möglich. Es ist nicht nur bedeutsam, was Sie sagen und wie Sie es sagen. Es ist ebenso bedeutsam, dass Sie ein hervorragender Beobachter sind. Dass Sie jemand sind, der die Signale seines Publikums deuten kann und flexibel darauf reagiert. Nonverbale Signale, die Rahmenbedingungen und den Kontext des großen Ganzen beobachten Sie am besten genau. Sie ermöglichen dem Publikum zumindest immer wieder innerlich »Ja« sagen zu können.

Ausgezeichnete Redner haben im Raum eine exponierte Stellung, beherrschen aber das Zusammenspiel des Gebens und Nehmens. Vor allem binden sie die Zuhörer ein und holen sie gedanklich dort ab, wo sie stehen. Redekompetenz ist immer Anschlusskompetenz. Erfahrene Redner plaudern nicht einfach und selbstgefällig drauf los. Sie ziehen ihr Programm nicht ohne Rücksicht durch. Sie stellen sicher, dass die Zuhörer interagieren und an Ihnen und Ihren Inhalten hängen.

Das höchste Ziel

Das Höchste, das wir mit einer Rede erreichen können, ist, dass es den Zuhörern nachher besser geht als vorher.

Wie Sie das erreichen? Steigern Sie das Selbstwertgefühl der Zuhörer und geben Sie Ihnen Wissen und Motivation. Rücken Sie die Ziele des Publikums in den Mittelpunkt, sonst erreichen Sie Ihre eigenen Ziele nicht. Bei Überschneidungen und Gemeinsamkeiten ist der Redner für die Zuhörer interessant und faszinierend, sympathisch und intelligent.

Es nützt uns nichts, wenn wir unsere eigenen Reden, Produkte und Dienstleistungen genial finden, aber unsere Kunden nicht. Das wäre an den Bedürfnissen vorbei gearbeitet.

3.10 Vor dem Auftritt

Wenn Sie zur Veranstaltung anreisen, ist es gut, wenn Sie sich schon im Vorhinein positiv auf Ihren Auftritt einstellen. Zur Auflockerung können Sie Ihre Lieblingsmusik hören. Oder sprechen Sie den Beginn Ihres Vortrags ein, das gibt Ihnen Sicherheit.

Saal und Bühne

Am Auftrittsort ist es Ihre Aufgabe, sich dort einzurichten. Machen Sie die Bühne zu Ihrer Bühne. Jeder Vortragssaal oder Seminarraum muss Ihnen annähernd vertraut sein wie Ihr eigenes Ambiente. Gehen Sie den Saal ab. Beachten Sie die Sitzordnung und die Bestuhlung. Nehmen Sie im Publikum Platz. Prüfen Sie den Blickwinkel des Publikums auf die beleuchtete Leinwand und die Bühne. Wo dürfen Sie nicht stehen? Wo wäre es gut, sich aufzuhalten? Gibt es etwas auf der Bühne, das stört? Es wird sicher möglich sein, Störendes zu entfernen. Sie sind der Redner, Sie müssen sich wohl fühlen.

Sie sollten auf die richtige Beleuchtung Wert legen, damit Ihre Präsentation und Sie gut wirken. Im Umfeld der Leinwand braucht es wenig Licht. Ihre Positionen müssen gut ausgeleuchtet sein. Schon vorab müssen Sie auf die Notwendigkeit geschlossener Saaltüren während Ihrer Rede hinweisen.

Passen Sie Ihre Lautstärke beim Sprechen der Raumgröße an. Ihr Stimmvolumen muss Seminarräume oder kleine Säle ausfüllen, wenn Sie kein Mikrofon haben. In Räumen mit Mikrofon und Lautsprechern ist die Verstärkereinstellung richtig zu wählen. Ein nicht vorhandenes Stimmvolumen und eine schlechte Artikulation kann auch die beste Technik nur bedingt ausgleichen.

Rednerpult, Mikrofon und Tonprobe

Rednerpulte sind häufig mit Hinterlassenschaften der Vorredner und technischen Teilen vollgeräumt. Wir empfehlen die Ablagefläche frei zu räumen und alles zu entfernen, was Sie nicht benötigen. Es stört den Stil und die Optik Ihres Auftritts. Sie brauchen den Platz für Ihre Unterlagen, Ihren Laptop oder Ihr Anschauungsmaterial. Sollten Sie die Computer-Marke Apple verwenden, ist es ideal, die passenden Adapter mit sich zu führen.

Die fest am Rednerpult installierten Mikrofone bitte nicht verwenden. Diese fixieren Sie geradezu hinter dem Pult. Bei den beweglichen Mikrofonen ist ein Headset dem Handmikrofon eindeutig vorzuziehen. Ein Handmikrofon macht Sie unflexibel und schränkt Sie in der Bewegung ein. Ein Handmikrofon hat nur eine Berechtigung. Dann, wenn jemand interviewt werden soll. Das Headset-Mikrofon besitzt einen Senderteil, der schwer ist und auch die Antenne und die Batterien beinhaltet. Für die Position des Sendeteils schlagen wir Ihnen Ihren Gürtel vor. Am besten auf der Körperrückseite. Die Innentasche Ihres Blazers oder Sakkos ist nicht geeignet. Herren haben es beim Verstauen des Senders einfacher, bei Damen ist die Wahl der Garderobe mitentscheidend, ob sich der Sender gut positionieren lässt.

Ein Hinweis zur Mikrofonprobe. Bewegen Sie sich auf der Bühne und testen Sie Ihre Positionen durch, damit Sie während Ihrer Rede nicht von Rückkoppelungen überrascht werden.

Veranstaltungstechniker sind eine eigene Berufsgruppe mit eigenen Gesetzen. Sehr oft geht anfangs nichts von dem, was Sie möchten und Ihre Wünsche können unmöglich berücksichtigt werden. Wenn Sie charmant und bestimmt bleiben, erreichen Sie letztlich fast alles. Außerdem gibt es auch wirklich kompetente und zuvorkommende Techniker.

Wir empfehlen Ihre Präsentation noch einmal in Ansätzen durchzuklicken, solange noch kein Publikum im Saal ist. Ihr Bildformat soll nicht über die Leinwand hinausreichen. Der Ton Ihrer Musik soll sich abspielen lassen. Diese kurzen Tests dauern nicht lange, geben aber Sicherheit, damit wirklich alles technisch einwandfrei läuft.

Lockern und aufwärmen

Lockerungs- und Aufwärmübungen finden Sie im Kapitel 8 *Perfektionierung des Sprechens – Styling für Redner*.

Wir empfehlen dieses Kurztraining, um schnelle Reaktionsfähigkeit und die Sicherheit bei der Aussprache zu gewährleisten. Sprechen Sie schwierige Passagen aus Ihrer Rede laut und im Originaltempo durch. Ihre Sprechmuskulatur braucht eine Aufwärmrunde, wie auch ein Sportler sich vor jedem Wettkampf aufwärmen muss. Den Text durchdenken alleine genügt nicht. Beginnen Sie eine Präsentation nie unaufgewärmt. Der Zeitaufwand von rund zehn Minuten ist wirklich gut investiert.

Sie finden schnell heraus, was Ihnen vor dem Auftritt gut tut. Eine ausgezeichnete Möglichkeit zum Aufwärmen ist, Schauspiel- und Sprecherziehungstexte aus diesem Buch und Ihren Coachings durchzusprechen.

Büchertisch oder Informationsmaterial

Wenn Sie als Redner bereits Bücher veröffentlicht haben, ist es ratsam, für das Publikum einen Büchertisch vorzubereiten. Im Normalfall kümmert sich der Veranstalter mit einem Buchhändler im Vorfeld gerne darum, oder Sie machen das vor Ort in Eigenregie. Wichtig ist nur, dass Sie es abklären und dem Publikum auch mitteilen lassen, dass Bücher verkauft werden. Es ist sinnvoll, den Büchertisch und die Signiermöglichkeit in Ihrer An- oder Abmoderation erwähnen zu lassen.

Sollten Sie Informationsmaterial mitbringen, benötigen Sie dafür auch einen passenden Platz im oder vor dem Vortragsraum.

Nicht irritieren lassen

Ein absoluter Klassiker vor Auftritten ist, dass irgendjemand von Veranstalterseite auf Sie zukommt und Ihnen noch schnell etwas sagt. Er sagt Ihnen, was von Ihnen erwartet wird und was Sie keinesfalls bringen dürfen. Stellen Sie sich vor, Sie sind mit Ihrem Vortrag zum Thema Marketing gebucht. Zehn Minuten vor Beginn kommt jemand von der Organisation zu Ihnen und erwähnt, dass Sie hoffentlich nichts über Marketing bringen. Das würde nämlich unmöglich gehen.

In so einem Fall gibt es nur einen Tipp: Ihren Vortrag durchziehen, als ob es dieses Gespräch nicht gegeben hätte.

Zudem darf es Sie nicht irritieren, ob der Veranstaltungsraum halb leer ist oder vor Menschen überquillt. Thematisieren Sie die Anzahl der Zuhörer nicht. Lassen Sie höchstens dafür sorgen, dass in nicht vollen Räumlichkeiten die Menschen eher vorne Platz nehmen. Bei zu wenig Platz im Saal können Sie vorab um zusätzliche Sitzgelegenheiten bitten.

In jedem Fall geben wir dem Publikum, selbst wenn der Saal nur teilweise besucht ist, ein Höchstmaß an Einsatz. Auch davon hängt die vermittelte Spannung ab.

Vorredner hören und Informationen einbeziehen

Es gibt eine beeindruckende Fähigkeit. Wenn Sie einen oder einige Ihrer Vorredner gehört haben und in Ihrem Vortrag Bezug darauf nehmen. Das ist ein geeignetes Mittel, um Gemeinsamkeiten herzustellen. Spannender ist es aber, wenn Sie auf Gegensätze aufmerksam machen. Gegensätze sind nicht klar genug ausgeprägt, wenn Sie nur geringfügig anderer Meinung sein sollten. Sagen Sie besser, dass Sie komplett anders denken. Zeigen Sie die Unterschiede auf und sagen Sie, diese sind von existenzieller Bedeutung. Korrigieren Sie die Aussagen des Vorredners. Das machen Sie natürlich stilvoll und voller Respekt. Ohne persönliche Angriffe und Verallgemeinerungen dürfen Sie das.

Es gibt noch einen weiteren Vorteil, wenn Sie sich Zeit nehmen, um die Beiträge vor Ihnen zu hören. Sollte jemand eine Studie oder Geschichte bringen, die Sie zufällig auch im Vortrag haben, können Sie noch reagieren. Entfernen oder ersetzen Sie diesen Inhalt und im Publikum kommt nie die Stimmung auf, dass Sie bereits Gehörtes vortragen.

3.11 Der Einstieg

Nach den wissenswerten Inhalten für Ihre Vortragserstellung lesen Sie nun zum ersten Mal das Wort Einstieg. Wenn wir die bisherigen Seiten im Buch Revue passieren lassen, wird klar, wie wichtig alle vorbereitenden Arbeiten für eine gelungene Rede sind.

Der Live-Effekt – Anspannung und der positive Umgang damit

Live auf der Bühne ist der erste Moment, an dem es wirklich zählt. Es ist der erste Kontakt mit dem Publikum. In diesem Augenblick kommt natürlich Wesentliches dazu. Bei einigen Rednern ist dies fast zwangsläufig die Anspannung, bei anderen der zusätzliche Ansporn. Der Live-Effekt bringt eine enorme Macht mit sich. Eine Macht, die sich gegen Sie stellt oder mit Ihnen verbündet auftritt. Im Fokus unseres Bemühens liegt naturgemäß der positive Live-Effekt. Das überlassen wir nicht dem Zufall. Dafür können wir etwas tun.

Ein Schuss mehr Adrenalin im Kopf als üblich ist hilfreich. Große Nervosität lässt sich hingegen kaum überspielen. Manches leidet darunter. Eine positive Anspannung ist gut und verhindert, dass wir zu locker, zu abgehoben starten. Eine Über- oder Unterschätzung des eigenen Könnens ist kontraproduktiv und kann bis zur Lächerlichkeit führen. Anzustreben ist vielmehr eine realistische Selbstwahrnehmung und ein realistisches Anspruchsniveau. Sich zu gut oder zu schlecht zu fühlen, ist für die eigene Wirkung nicht hilfreich.

Sagen Sie sich vor dem Auftritt nicht, ich freue mich, sondern freuen sie sich wirklich. Ihre Grundhaltung soll sein: Worüber ich rede, ist tatsächlich wichtig.

Es gibt zwei Mittel gegen Lampenfieber:
1. Gute Vorbereitung und praktisches Üben
2. Die Freude auf die Live-Situation mit Ihrem Publikum und die positiven Effekte daraus

Während des Vortrags ist es hilfreich, Lampenfieber umzudeuten. Aufregung ist dann Freude, dass man wirklich Wichtiges erzählen kann.

Allgemein gültige Methoden zum Abbau der Nervosität gibt es nicht. Jeder muss für sich sein Ritual finden, das ihm Gelassenheit gibt.

Wer dazu neigt, aufgeregt zu sein, sollte vor seinem Auftritt Energie abbauen. Einige Treppen steigen oder herzhaft lachen, sind praktikable Lösungen. Wenn Sie in einer Interview-Situation sind oder bereits zu sprechen beginnen, können Sie nur Körperteile bewegen, die niemand sieht. Ihre Zehen im Schuh wären eine Möglichkeit.

Nicht probate Mittel sind Medikamente oder landläufiges Halbwissen, dass Sie sich das Publikum nur im Pyjama oder noch weniger bekleidet vorzustellen brauchen.

Wie auch immer, das Publikum empfindet die Nervosität des Redners nie so, wie er selbst. In Ihrem Redebeitrag sind Sie besser als Sie denken.

Anmoderation und Auftritt

Wer in der Gesellschaft nicht vorgestellt wird, ist nicht existent. Wer bei seinem Auftritt nicht angekündigt wird, ist weder im Seminarraum noch im Veranstaltungssaal wirklich präsent.

Alles, was Sie in Ihre Vortragserstellung und in Ihre Vorbereitungen investiert haben, verpufft, wenn niemand den Zuhörern mitteilt, wer Sie sind. Wenn niemand weiß, warum gerade Sie da sind. Warum das Thema Ihr Thema ist.

Das Publikum nimmt Sie dann nur halbherzig wahr, mehr nicht. Das muss nicht sein. Es gibt ein wirksames Mittel, das wir verwenden sollen. Lassen Sie sich anmoderieren. Egal, ob es bei einem internen Redeanlass ein Kollege oder auf der großen Bühne ein professioneller Moderator übernimmt.

Eine gute Vorstellung Ihrer Person und Ihres Inhalts schafft es sogar, das Publikum »in die Pflicht zu nehmen«. Eine Anmoderation erregt Aufmerksamkeit und erzeugt Spannung. Wer kann und will darauf verzichten? Ein guter Einstieg durch einen Moderator liegt zu einem Teil auch in Ihren Händen. Es ist ein lohnenswerter Aufwand, wenn Sie Ihren Anmoderationstext selbst verfassen oder zumindest Stichwörter zu Verfügung stellen.

Eine von Ihnen persönlich vorgetragene Selbstvorstellung klingt meist nach einem Bewerbungsgespräch. Das langweilt das Publikum und wird Ihnen nicht gerecht. Wir empfehlen für Fälle ohne Anmoderationsmöglichkeit eine Startfolie zu verwenden. Diese haben wir auf Seite 64 näher beschrieben. Kurze Anmoderationen wirken generell besser als langatmige Versionen.

Wichtig ist, dass Sie vor und während der Vorstellung Ihrer Person nicht auf der Bühne zu sehen sind. In einem kleineren Raum lösen Sie das, indem Sie nicht im Blickfeld der Teilnehmer stehen. Sie sollen vor Ihrem Vortrag nicht für das Publikum am Rednerpult sichtbar sein. Geschäftig Dinge einzurichten oder Seiten durchzublättern, vermittelt einen wenig professionellen Eindruck.

Wie Sie die Bühne betreten und Ihren Rednerplatz einnehmen, ist nicht zu vernachlässigen. Entweder treten Sie auf größeren Bühnen von der Seite auf, oder Sie stehen während der Anmoderation hinter dem Publikum und gehen über den Mittelgang auf die Bühne. Vermeiden sie es, auf die Bühne zu hetzen oder Ihre Sprecherposition durch sportliche Einlagen zu erreichen.

Der Anfangsapplaus wird Ihnen geschenkt. Den Applaus am Ende müssen Sie sich im Gegensatz dazu erarbeiten. Ertragen Sie das Klima am Beginn und freuen Sie sich. Genießen Sie den Anblick des Publikums. Genießen Sie die Spannung vor Ihren ersten Worten. Genießen Sie jedes Gesicht im Raum. Sagen Sie sich: »Ich mag dieses Publikum.« Sie haben keine andere Wahl, da Sie wissen:

Für den ersten Eindruck gibt es keine zweite Chance.

Einstieg – sofort gute Gefühle!

Der erste Satz ist unbestritten einer der wichtigsten einer jeden Rede oder Präsentation. Den wirklichen Wert des Einstiegs erkennen zu wenige Redner. Immer wieder hören wir diese gleichen Standardfloskeln. Immer wieder diese langweiligen Plattitüden.

Die konventionelle und bedeutungsschwangere Anrede schläfert aber ein. Sie müssen diese unbedingt vermeiden. Sollte Ihnen Ihr Vorredner noch einige aufmerksame Zuhörer überlassen haben, driften sie spätestens weg, wenn sie nach Ihrer Begrüßungsformel hören: »Ich heiße Sie noch einmal auf das Allerherzlichste willkommen. Ich freue mich, dass Sie so zahlreich erschienen sind und ... Ich bin heute hier bei Ihnen, um Ihnen Details über ...« Das wissen ja schon alle. Deshalb sind sie ja gekommen.

Was Sie brauchen, ist völlig konträr zu dem, was die Menschen gewöhnt sind, was die Zuhörer standardmäßig erwarten. Sie brauchen Überraschung, Tempo und gleich darauf wieder Verlangsamung. Das Publikum soll schnell einmal staunen oder lachen können. Sie brauchen Nachdruck in der Stimme und Bewegung auf der Bühne. Das Publikum schreibt statischen Rednern hinter dem Rednerpult eher statische Aussagen zu. Das mag als Bundespräsident oder Polizeichef gut wirken. Als Vortragender zum Thema Motivation und Mut machen wäre das kontraproduktiv.

Wenn es Ihnen gelingt, zu Redebeginn einen aktuellen Bezug (Artikel, Meldung aus der Branche) herzustellen, sind die Zuhörer eher bei der Sache. Sie können auch mitten ins Geschehen Ihrer Thematik eintauchen. Steigen Sie irgendwo in Ihre Geschichte ein und reißen Sie die Menschen mit. In weiterer Folge gehen Sie dann strukturiert vor und machen immer wieder Rückgriffe auf die Eingangsgeschichte.

Unübliche Einstiege haben eine besondere Wirkung. Wir werden jetzt nicht zwanghaft nach diesen Einstiegen suchen. Solche Ideen müssen Sie für Ihre Thematik spontan finden.

Einen Vorschlag für eine gute Einstiegsmöglichkeit geben wir mit: Eine Kombination aus Musik und Ihrem gesprochener Text. Beachten Sie, dass das Musikstück zeitlich und lautstärkenmäßig so eingepegelt ist, dass Sie nicht gegen die Musik ankämpfen müssen. Spielen Sie das Musikstück nie zur Gänze, sondern beschränken Sie sich auf rund 30 Sekunden.

Der Einstieg ist Ihre erste Gelegenheit, um Aufmerksamkeit und Emotionen auszulösen. Der Redebeginn ist oftmals auch die einfachste Möglichkeit, um beim Publikum zu punkten.

3.12 Dramaturgie und szenische Umsetzung

Als Vortragender sind Sie Vorbild und tragen Verantwortung. Vortragen heißt auch, Menschen führen und in eine andere Welt entführen. Wenn Sie Menschen mit Inhalt und Sprache faszinieren, beherrschen Sie zwei Fähigkeiten. Erstens »wohnen« Sie in Ihrem Vortrag. Sie sind absolut sicher, was Inhalt und Umsetzung betrifft. Zweitens agieren Sie mit Ihrer Stimme als ein klingender Körper im Raum. Das wird Ihnen beides nicht geschenkt. Und wenn Sie dieses Niveau erreicht haben, ist es noch immer so, dass Sie bei jedem Auftritt erneut üben.

Zu den beiden Fähigkeiten kommt noch eine Grundhaltung. Sie sind Vorbild. Wenn Sie vor anderen sprechen, nehmen Sie eine besondere Stellung im Raum ein und Sie übernehmen eine besondere Verantwortung.

Das Publikum nicht langweilen – Unmittelbarkeit und Spontaneität

Das Publikum nicht langweilen bedeutet, keinesfalls minutenlang laute Musik vor Ihrem Auftritt zu spielen. Die Veranstaltung in Diskothekenlicht zu hüllen und gemeinsames Hände klatschen, können wir stilvollen Rednern nicht empfehlen. Tanzend das Publikum wie ein Animateur einzupeitschen, hat nichts mit Dramaturgie zu tun. Das wäre eher Tragik. Die tragische Figur des tanzenden Redners mit Animationsgebrüll und ein wenig eingespieltem Applaus. Das wäre die Bankrotterklärung Ihres Könnens zu Vortragsbeginn.

Nicht langweilen bedeutet mehr. Nicht langweilen ist die Befähigung, mit Ihrer Bühnenpräsenz und Ihren Inhalten zu begeistern. Das ist dann erreicht, wenn die Menschen an Ihren Lippen hängen. Wenn das Auditorium auf Ihren nächsten Satz oder sogar auf Ihr nächstes Wort wartet, weil Sie die nächste spannende Wende bringen könnten.

Das Unmittelbare des Vortragenden ist für das Auditorium extrem spannend. Das Publikum muss es so empfinden, dass bei Ihrer Rede alles wie spontan erdacht passiert. Die Augenblickskunst trägt die größte Faszination in sich. Der »Sonderfall jetzt« ist Teil des Live-Effekts. Er ist Teil Ihrer Dramaturgie.

Jedes Auditorium ist anders, jedes Auditorium braucht eine differenzierte Vorgehensweise. Vieles davon merken Sie erst während Ihres Auftritts. Deswegen planen Sie nicht alles bis ins kleinste Detail. Lassen Sie »Spielraum« für gekonnte Improvisationen. Wenn Sie sich gedanklich Improvisationen für den Ablauf Ihres Vortrags zurechtlegen, können Sie diese bei unvorhergesehenen Ereignissen als eine Art »Sicherheitsnetz« einsetzen.

In jedem Fall müssen gute Sprecher rasche Entscheidungen treffen, um den Fluss des Themas zu gewährleisten:

- Versuchen Sie nicht gezwungenermaßen, irgendwelche Überleitungen hinzubekommen, wenn der Redebeitrag des Redners vor Ihnen fantastisch gut oder fürchterlich schlecht war. Tun Sie so, als wäre nichts gewesen.
- Geben Sie einem Fehler keinen Raum. Wenn Sie sich versprochen haben, setzen Sie das richtige Wort langsam nach und entschuldigen Sie sich nicht.

Bühnenpräsenz, fester Stand und Körperhaltung

Redner müssen im Hier und Jetzt präsent sein. Redner stehen im Fokus. Dabei darf ihnen die Anspannung nicht anzusehen sein. Ganz im Gegenteil, als Redner kennen und mögen Sie das Wechselspiel aus Spannung und Entspannung.

Sie sollten natürlich nicht nur hinter dem Rednerpult stehen. Das widerspricht einer raumfüllenden Präsenz. Genau so sollten Sie nicht nur die Bühne auf- und abgehen. Das wäre gleichbedeutend mit, keinen Standpunkt zu haben. Weil Sie zentrale Aussagen präsentieren, stehen Sie zentral auf der Bühne. Weil Sie sich nicht verstecken müssen, agieren Sie ohne Barriere eines Rednerpultes.

Ihre ideale Körperhaltung möchten wir so beschreiben. Sicher stehend, leicht geöffnet, mit Körperspannung und geerdet. Vermeiden Sie das Zehenheben oder generell ein unruhiges Wippen. Die Bedeutung der Schuhe für Vortragende und Schauspieler haben wir bereits angesprochen. Bitte üben Sie Ihren Vortrag nicht in Hausschuhen und stellen sich dann mit hohen Absätzen vor Ihr Publikum. Üben Sie realitätsnah, auch was Kleidung und Schuhe betrifft.

Ihr fester Stand ist von hoher Wichtigkeit

Wie wichtig Ihr fester Stand ist, können Sie sofort testen, indem Sie sich auf ein Bein stellen und versuchen eine Stelle Ihrer Rede zu halten. Das wird Ihnen natürlich etwas realitätsfremd vorkommen. Es gibt auch die Variante, dass Sie für diese Übung ein Paar Schuhe anziehen, das Ihnen schlecht passt. In beiden Fällen wird Ihnen sofort klar, dass sie so keine hohe Sicherheit erreichen.

Ein interessantes Körpersprachebeispiel ist bei manchen Auftritten zu sehen. Wer mit überkreuzten Beinen auf einer Bühne steht, hat eine hohes Gefühl der Sicherheit. Ein Sprecher, der sich so hinstellt, fühlt sich wohl, er verspürt keine Angst. Er vertraut darauf, dass niemand in der Lage ist, ihn »umzuwerfen«.

Bühne bespielen

Jeder Raum, in dem Sie agieren, ist Bühne. Die Großbühne in der Messehalle genau so wie der intime Seminarraum. Alles, was Sie in dieser Bandbreite umsetzen, ist Szene. Ihre Grundposition und Ihre Bühnenerdung sind der Beginn Ihrer Umsetzung. Sprechpositionen sind abhängig von Thema und Zweck der Rede. Die Bühne zu bespielen bedeutet, eine Wechselwirkung zu erschaffen. Ihr Inhalt soll die Bewegung unterstützen. Die Bewegung soll Ihren Inhalt unterstützen.

Wenn Sie auf einer zwölf Meter breiten Bühne auftreten, spricht doch nichts dafür, nur die 0,9 Meter hinter dem Rednerpult oder auf Ihrem Hocker zu nutzen. Irgendwie und irgendwo auf der Bühne herumzutigern, wirkt nervös. Unmotivierte Gänge lenken die Zuhörer vom Inhalt ab. Die Bewegungen sind immer abzustimmen und dem Redekonzept anzupassen.

Nur weil es gerade modern sein sollte, in das Publikum zu laufen, um unbedingt Bücher oder ähnliches zu verschenken, empfehlen wir das nicht zu tun. Verlassen Sie die Bühne nicht. Bleiben Sie groß. Als einzige Ausnahme können Sie auf einer ebenerdigen Bühne ohne Podium auf das Publikum zugehen.

Die stärkste Wirkung erreichen Sie mit einem dramatischen Standortwechsel. Wenn Sie Ihren Standpunkt rein sprachlich oder inhaltlich ändern, ist das eine Möglichkeit. Wenn Sie Ihre Bühnenposition zusätzlich bedeutend verändern, verstärkt dies die Wirkung Ihrer Aussage. Es gibt zudem einen positiven Nebeneffekt. Es entsteht eine Zäsur.

Exkurs

Als Redner und Seminarleiter positionieren Sie sich auf der Stirnseite eines Tisches oder Sitzkreises. Das Sitzen im Kreis engt Ihre Ausstrahlung zu sehr ein. Es bietet sich an, eine Seminargruppe zu umrunden. Dadurch verstärken Sie eigene Präsenz und die Spannung für die Teilnehmer.

Für Gesprächssituationen, die ins Stocken oder auf verhärtete Fronten geraten, gibt es eine einfache Lösung. Bereits ein Wechsel der Sitzposition verändert die Perspektive. Dies gilt in Vieraugengesprächen genau so wie in Verhandlungen mit mehreren Personen. Das Gespräch kommt durch den Perspektivenwechsel wieder besser in den Fluss.

Wenn Sie zeitgleich mit zwei Personen sprechen, ist es ratsam, diesen gegenüber zu sitzen. Stellen Sie sich vor, wie anstrengend und wenig kommunikativ es wäre, wenn Sie zwischen den Dialogpartnern Platz nehmen würden. Zudem hätten Sie als Rechtshänder stets Ihre Hand zwischen sich und dem Dialogpartner rechts neben Ihnen. Analog dazu als Linkshänder ebenfalls.

Lassen Sie sich selbst als Redner nie aus den Augen. Stehen Sie wie ein unsichtbarer Beobachter neben sich und steuern Sie Ihre Handlungen. Behalten Sie Ihre Rolle bei. Vieraugengespräch oder Vortragssaal bedürfen eigener Zugänge.

Sie verfügen über folgende Möglichkeiten, Ihren Redebeitrag zu unterstützen:

- Zentral auf der Bühne, um Ihre Kernthemen, Ihre Kompetenz und Ihre Themenführerschaft auszudrücken.
- In kleinen Schritten über die Bühne gehen, wenn Sie etwas gedanklich suchen. Dabei richten Sie den Blick in Ihre Gehrichtung. Diese Bewegung verstärkt Ihr Suchen.
- Stehenbleiben, wenn Sie gefunden haben, was Sie suchten. Sobald Sie es haben, nehmen Sie Blickkontakt mit dem Publikum auf. Ansonsten verspielt oder »vertanzt« sich die Idee. Sie wären dann abgekoppelt von den Menschen im Saal.
- Eine Sitzposition auf einem Hocker oder einer Couchlehne eignet sich zum Vorlesen von wichtigen Punkten, einer längeren Geschichte oder einer Studie.
- Am vorderen Bühnenrand können Sie dem Publikum leise ein Geheimnis oder eine vertrauliche Geschichte verraten.

Vereinfachend ausgedrückt, können Sie es so betrachten: Jede Aktion muss direkt und unmittelbar mit dem Thema der Rede im Zusammenhang stehen.

Selbst geringfügige Änderungen Ihrer Position oder Körperhaltung können Sie geschickt einsetzen. Es gibt eine tolle Möglichkeit, zwei Menschen darzustellen.

Zwei unterschiedliche Meinungen oder ein gespielter Dialog funktionieren so:

- Sie stellen sich leicht links von der Mitte auf die Bühne und blicken leicht nach rechts. Bringen Sie nun Ihr Argument vor. Sie machen nun ein oder zwei Schritte auf die andere Bühnenseite und bringen dort das Gegenargument vor. Ihre Körperhaltung ist grundsätzlich spiegelgleich zu vorhin, kann aber eine Eigenheit beinhalten. Dieses Spiel können Sie beliebig lange einsetzen. An einer späteren Stelle im Vortrag sind diese zwei unterschiedlichen Standpunkte zu einem Thema weiter präsent. Sie bewegen sich nur auf die jeweilige Position und das Publikum weiß genau Bescheid, welches Argument Sie vertreten.
- Die einfachere und bewegungsärmere Variante ist es, Ihren Kopf nach jedem Argument oder Dialogteil von links nach rechts zu drehen.
- Eine weitere Form nutzt Ihren sprachlichen Ausdruck. Schnelle Textstellen unterscheidet das Publikum klar von langsamen. Ebenso laute von leisen Varianten. Damit haben Sie sofort zwei verschiedene Personen auf der Bühne.

Wie Sie zwei Personen auf der Bühne darstellen

Üben Sie die drei Varianten für ein und dieselbe Stelle nacheinander. Wechseln Sie die Darstellungsformen mehrmals durch. Sie erkennen, was Ihnen besser liegt oder die Situation verlangt. Entscheiden Sie dann, welche für Ihre Vortragsart am passendsten ist.

Wenn Ihre Bühne nur ein Seminarraum sein sollte, dann nützen Sie den Raum einfach reduzierter. Eine kleinere Bühne verträgt naturgemäß weniger Aktion und Gestik.

Blickkontakt

Auf kleinen und großen Bühnen ist die Bedeutung des Blickkontaktes extrem hoch einzuschätzen. Durch diesen erkennen wir einerseits, ob die Menschen im Auditorium wirklich zuhören und das Gesagte erfassen. Andererseits kann der Redner durch seine Blicke den Menschen souverän begegnen.

Immer wieder taucht ein Gerücht auf. Ein Redner solle am besten über das Publikum hinweg blicken und auf der Wand dahinter einen höher gelegenen Punkt anvisieren. Das ist nur dann empfehlenswert, wenn Sie unnahbar und distanziert erscheinen wollen. Das passiert nämlich unweigerlich.

Wie können Sie Ihre Bühnenautorität erhöhen und das Interesse der Menschen steigern? Die Antwort ist ein schweifender Blick. Jeder einzelne soll das Gefühl haben, dass Sie mit ihm in Blickkontakt stehen.

Der Blickkontakt während Ihrer Rede

Wenn Sie Ihren Vortrag üben, stellen Sie sich das Publikum im Raum vor und lassen Sie Ihren Blick über dieses imaginäre Publikum schweifen. Mit etwas Fantasie wird Ihr Büro oder Ihr Zuhause zum Vortragssaal. Einzelne Gegenstände im Raum können das Publikum symbolisieren. Der Blickkontakt bei der Übung darf Sie nicht beim Sprechen irritieren, er muss absolut natürlich passieren. Und später setzen Sie das genau so in der Redesituation um.

Der Blickkontakt ist enorm wichtig und wird von exzellenten Rednern nie vernachlässigt. Sie brauchen den Blickkontakt zum Publikum:

- weil es der Zugang zu den Menschen ist.
- weil sie das Publikum in die Pflicht nehmen können!
- weil es Ihre Chance ist, Rückmeldungen zu erhalten.

Und Sie brauchen den Blickkontakt, weil Sie sich Energie aus den interessierten Reaktionen des Publikums holen. Nie werden Ihnen alle Zuhörer gut gesonnen sein. Suchen Sie sich deswegen aufmerksame Personen und interessierte Augen. Kehren Sie immer wieder zu diesen wachen Augen zurück und richten Sie sich daran auf.

Gestaltungselement Sprechmelodie

Mit Ihrer Sprechmelodie schaffen Sie es, Ihren Redebeitrag interessant zu machen. Akzentuiert sprechen bedeutet, Variationen in Ihre Sprache zu bringen. Das ist Ihr wesentliches Kapital.

Die bedeutendsten Gestaltungselemente und Ihre Ausprägungen sind:

- die Lautstärke: laut – leise
- das Sprechtempo: schnell – langsam
- die Stimmlage: hoch – tief
- die Stimmfarbe: weich – hart
- der Tonfall: fröhlich – traurig – sachlich
- die Betonung: Silben – Wörter – Satzteile
- der Sprechrhythmus: gleichförmig, gebunden, legato – variantenreich, gehackt, staccato
- die Verzögerung durch das Retardieren: etwas wiederholen, verzögern, verdeutlichen
- die Zäsur ist mit etwa ein bis zwei Sekunden Länge ein kurzer Einschnitt im Text.
- Die Pause mit zwei bis vier Sekunden nimmt der Zuhörer als einen klaren Schnitt war. Sie können fast stehen bleiben im Text, dann gehen Sie mit Tempo weiter. Das bringt Ihnen Aufmerksamkeit und dem Publikum Abwechslung. Die Stille der Pause ist für die Zuhörer nicht gleich Leere. Sie sprechen einen Satz oder Satzteil, das Publikum muss denken, dann sprechen Sie weiter.

Allgemein empfehlen wir nichts zu doppeln. Also nicht ein wichtiges Wort noch wichtiger zu machen. In diesem Fall retardieren Sie besser. Seien sie auch nie zu dezidiert. Gewolltes wird vom Publikum immer durchschaut.

Variieren Sie Ihre Sprechmelodie

Nehmen Sie den erstbesten Text, den Sie greifbar haben und variieren Sie die Sprechmelodie mit den oben angeführten Gestaltungselementen. Lautstärke und Sprechtempo sind dabei einfache Variationsmöglichkeiten für den Beginn. Alles andere braucht etwas mehr Training. Beim Üben der Pause müssen Sie die Stille aushalten lernen. Die Stille ist nie so lange, wie Sie diese als Sprecher empfinden. Ein hilfreicher Test ist hier, dass Sie sich kurz aufnehmen und abhören.
Sie merken, wie schnell sich die Bedeutung und der Gehalt eines Textes verändern lassen.

Eine Anmerkung zur Sprechmelodie in Zusammenhang mit sprachlichem Druck. Je druckvoller und schneller eine Person spricht, desto schneller steigen die Zuhörer aus.

Körpersprache – auch Ihr Körper spricht

Darsteller auf Bühnen, damit auch Redner, wirken nicht nur mit dem Gesagten, sondern stark durch nonverbale Elemente. In diesem Kontext gibt es eine spannende Wechselwirkung: Stimmung beeinflusst Körpersprache und Körpersprache beeinflusst Stimmung. Beide stehen zueinander in Bezug. Sie lassen sich nicht voneinander loslösen.

Die Körpersprache wird bei Präsentationen und Reden oft zu wenig beachtet. Dabei steht sie stets im Zentrum der Aufmerksamkeit. Ihr Gegenüber nimmt immer nonverbale Signale auf. Durch unsere Gedanken formulieren wir Worte und drücken diese mit unserer Stimme aus. Dabei sprechen wir aber mit dem ganzen Körper. Der Körper will sich bewegen und die Bewegung kommt ganz natürlich. Ihre Aussagen und Antworten sind nur so überzeugend, wie Sie selbst in Ihrer ganzheitlichen Wirkung sind. Ihre Körpersprache kann das Gesagte unterstreichen oder konterkarieren. Ihre Überzeugungskraft hängt davon ab, wie Ihr Körper Ihre Stimme unterstützt.

Mimik und Gestik – die eigene Werbeagentur

Durch die Mimik übertragen Sie Ihre Emotionen. Damit ist der Gesichtsausdruck ein wesentliches Element, um beim Publikum zu punkten. Die Mimik ist Ihre Werbeagentur.

Die Ausdrucksfähigkeit im Gesicht umfasst unterschiedliche Bewegungen der Gesichtsmuskulatur, der Augen, des Mundes, der Lippen, aber auch der Wangen und der Stirn.

Das Gesicht ist der Spiegel Ihrer Seele. Somit bleibt Ihnen von der Mimik her nur eines: Lächeln und positive Ausstrahlung. Von den 26 Gesichtsmuskeln sind im Wesentlichen acht für die Mimik verantwortlich. Einige Quellen sprechen davon, dass 12, 17 oder mehr für ein lächelndes oder ernstes Gesicht verantwortlich wären. Wie auch immer, ein aufgesetztes und künstliches Lächeln erkennt Ihr Gegenüber sofort.

Die Gestik ist ebenfalls nicht künstlich einsetzbar. Die allgemeingültige Gestik an sich gibt es nicht. Die Gestik signalisiert vielmehr eine Symbolsprache, die dem Kulturkreis entspricht, in dem sie eingesetzt wird. Wir streben nach Gesten der Souveränität und Sicherheit, wobei uns das nicht immer gelingt.

Das Publikum irritiert ein Bild, das nicht stimmig ist: Wer mit hängenden Schultern »Ich bin begeistert!« schreit, provoziert so ein Bild.

Ihre Hände haben natürlich eine besondere Wichtigkeit:

- Synchrone Hände wirken bedrohlich und maschinell. Die Hände ständig synchron einzusetzen, trägt die Gefahr in sich, dass sich das Publikum erschlagen fühlt.
- Verschränkte Hände wirken viel zu distanziert und passiv. Wer seine Hände nur runterhängen lässt, wirkt schlapp und langweilig.
- Vermeiden Sie eine Reihe von Handgesten: Eine reibende Händewaschbewegung vermittelt Unruhe und wenig Kompetenz. Die betende Haltung passt nur ganz selten. Das Ringdrehen am Finger wirkt korrigierend. Alle Finger zu einem Igel zusammengesteckt blockiert eher. Die Haltung der Raute schreiben wir einer bestimmten Persönlichkeit zu und das Publikum würde sofort an diese denken.
- Unterlassen Sie nervöse Bewegungen. Sich an den Hals und ständig an die Brille greifen, vermitteln Hemmung. Unablässig durch das Haar fahren, kann Nervosität ausdrücken. Den Hosenbund suchen und fassen ist gleichbedeutend mit Halt suchen. Sich ständig am Ohr zu kratzen, empfehlen wir ebenfalls bleiben zu lassen.
- Gewährleisten Sie die nötige Transparenz. Verstecken Sie keine Hände in Hosentaschen oder hinter dem Rücken.
- Vergessen Sie Ihre Hände, wenn Sie diese nicht benötigen. Generell gesehen sind Reduktion, Ruhe und dezente Gesten interessant. Es gibt eine hervorragende Einfachheit. Die größte Wirkung erzielen Sie zwischen den beiden Polen Dynamik und Ruhe.
- Wenn Sie einen Tipp für die Position der Hände möchten, dann wäre dafür die Körpermitte und über der Gürtellinie empfehlenswert.

Unpassende Gesten beschädigen die Wirkung und machen Unsicherheit erkennbar. Gestik ist nicht künstlich einsetzbar. Der Einsatz Ihrer Körpersprache hängt von der Redesituation ab. Die Kamera verbietet die große Gestik und den großen Augenaufschlag. Die große Bühne verlangt nach mehr. Der kleine Seminarraum kommt mit Andeutungen aus.

Unsere Empfehlung: Das gesprochene Wort lässt sich mit Gestik manchmal verstärken. Sie können beispielsweise die Körpergröße eines Menschen zeigen, Ihre ablehnende Haltung zu einer Thematik und vieles mehr ausdrücken.

Dem Publikum mit Hilfe der Hände etwas zeigen

Unserer Erfahrung nach passieren häufig Fehler, wenn es um das spiegelverkehrte Zeigen geht. Wenn Sie für das Publikum etwas logisch zeigen wollen, müssen Sie anders denken. Von der Bühne aus zeigen Sie ja in Richtung der Zuseher alles seitenverkehrt. Eine Statistik steigt nach unserem Verständnis von links unten nach rechts oben. Sie stehen aber dem Publikum zugewandt. Also zeigen Sie eine Statistik mit steigender Tendenz für die Zuseher von rechts unten nach links oben.

Die Zeit vergeht für uns Menschen von links nach rechts. Die Vergangenheit liegt links und die Zukunft geht nach rechts. Dabei müssen Sie wieder für das Auditorium mitdenken. Wenn Sie »gestern« sagen, zeigen sie nach rechts, wenn sie von »heute« sprechen, zeigen Sie in die Mitte und »morgen« liegt links.

Zeigen Sie für Ihr Publikum alles logisch

Im Vortrag selbst ist es viel zu spät, Ihre Gesten für das Publikum logisch auszuführen. Diese Bewegungen müssen Sie bereits im Vortragstraining richtig einüben. Zeigen Sie Inhalte und Ergebnisse schlüssig für das Publikum. Denken Sie um und stellen Sie die seitenverkehrte Sichtweise des Publikums in das Zentrum.

3.13 Emotional verstärken

Alles was Sie bisher aus diesem Buch umgesetzt haben, erfährt nun ein neues Niveau. Wenn Sie Ihre Inhalte emotional verstärken, verstärken Sie Ihre Aussagen und Ihre Wirkung.

Ein gutes Beispiel dafür:
Kleine Menschen in einem kleinen Land mit kleinen Ideen, die kleine Städte, kleine Bahnhöfe und unfassbar pünktliche Eisenbahnen bauen.

Alex Capus, Schweizer Schriftsteller

Wiederholen Sie für das Publikum, was Ihnen wichtig ist, oder Ihre Aussage unterstreicht. Wiederholen Sie Ihre Aussagen nie schulmeisternd. Wiederholen Sie Ihre Kernaussage facettenreich und charmant.

Neues und Unerwartetes wirkt am stärksten

Unser Gehirn liebt Neuigkeiten. Alles, was vom Bekannten und der Norm abweicht, wird bereitwillig registriert. Genau das hat eine Chance auf weitere Verarbeitung. Ein emotionaler Vortrag wird sich deswegen an eine Grundregel halten. Alles, was nicht neu und nicht persönlich ist, muss raus. Natürlich können Sie nicht nur Neues bringen, aber Sie sollten unbedingt Themen neu erzählen und neu betrachten.

Die emotionale Qualität Ihrer Erfahrungen

Es geht niemals darum, was Sie beinahe getan hätten. Wie Sie über Erfahrungen sprechen und welche Arten von Erfahrungen Sie einsetzen, ist eine Frage der Qualität. Im Grunde unterscheiden wir drei Erfahrungsformen: sekundäre, primäre und existenzielle.

Sekundäre Erfahrungen sind von Ihnen emotional weit entfernt.

In diesem Fall reproduzieren Sie die Inhalte anderer. Das kann manchmal erforderlich sein. Konzentrieren Sie sich aber auf höherwertige Erfahrungen. Beispiel: Sie konnten einen berühmten Sportler mit seinem faszinierenden Thema in einem Vortrag erleben. Nun versuchen Sie dessen Inhalte in Ihren Vorträgen nachzuahmen.

Primäre Erfahrungen sind Ihnen näher.
Sie leben und begreifen diese Inhalte oder diese Thematik selbst. Hier ist es leichter, Ihnen zu folgen und zu vertrauen. Beispiel: Sie haben selbst über lange Zeit für einen Sportwettbewerb trainiert und vermitteln die erlebten Anstrengungen dem Publikum.

Existentielle Erfahrungen gehen am tiefsten.
Wenn Sie darüber sprechen, wird Ihre emotionale Bindung spürbar. Das können Sie nicht mehr ausblenden. Das kann das Publikum nicht mehr ausblenden. Dadurch wirken Sie sicher, stimmig und lebendig. Beispiel: Ihr Training als Freizeitsportler hat Ihren Alltag mehr und mehr bestimmt. Sie haben viel riskiert und sportliche Siege errungen, dadurch aber Ihre Beziehung und Freundschaften vernachlässigt. Sie mussten sich entscheiden, was Ihnen wichtiger ist.

Kategorisieren Sie Ihre Erfahrungen

Teilen Sie Ihre Erfahrungen in sekundäre, primäre und existenzielle Erfahrungen ein. Bewerten Sie die Wichtigkeit und Aussagekraft Ihrer Erfahrungen aus Sicht der Zuhörer. Versuchen Sie möglichst viele Beispiele für primäre und vor allem existenzielle Erfahrungen zu sammeln. Bauen Sie später diese Erfahrungen in Ihre Rede ein.

Publikumsaktivität steuern?

Wer sein Publikum steuern will, kann verschiedene Techniken einsetzen. Wir sind keine Verehrer dieser Methoden. Für Menschen mit wenig Auftrittserfahrung, finden wir diese Techniken noch zulässig.

Sie können die Menschen zum Aufzeigen ermuntern. Das Muster dazu lautet: Eine Frage und eine Gegenfrage zu stellen, dann haben alle einmal die Hand gehoben. Zur Sicherheit stellen Sie noch eine dritte Frage: »Wer von ihnen hätte ohnehin nicht aufgezeigt?« Jetzt haben sich alle im Publikum einmal aktiv beteiligt.

Eine andere Methode. Eine Frage stellen, die fast jeder mit »Ja« beantworten kann. Selbst dabei die Hand heben. Das wirkt, ist aber auf Dauer langweilig. Noch dazu praktizieren das sehr viele Sprecher mehrmals im Vortrag.

Wenn man schon eine Frage stellt und aufzeigen lässt, finden wir es spannender, wenn Sie blitzschnell sagen: »94,62 Prozent sind also dafür.«

Manche Redner lassen das Publikum während des Vortrags etwas zeichnen. Andere befestigen vor Veranstaltungsbeginn Kärtchen mit Sprüchen und Süßigkeiten unter den Sesseln der Zuhörer. Im Vortrag kommt dann die Anweisung unter die Sitzfläche zu greifen. Das wirkt, machen aber immer mehr Vortragende.

Wirkungsvolle Redner müssen das Publikum nicht dauernd zu Aktivitäten zwingen. Seien Sie positiv. Verwenden Sie selbst oft »Ja« in Ihrer Rede. Nicken Sie verstärkend, während Sie sprechen. Lassen Sie ab und zu »Einverstanden?« als scheinbare Frage einfließen. Damit sind Sie nicht aufdringlich, wirken aber nachhaltig.

Exkurs

These und Antithese
Wesentlich spannender als das Steuern der Publikumsaktivität ist es, das Mittel der These und Antithese zu verwenden. Teilen Sie das Auditorium in zwei Lager. Tun Sie so, als ob eine Hälfte des Publikums Anhänger einer These, die andere Hälfte Anhänger der Gegenthese wäre. So können Sie eine Menge erreichen, ohne dabei Ihre eigene Position bekannt zu geben. Später schlagen Sie sich auf eine Seite und beziehen Position. In weiterer Folge können Sie im Vortrag immer wieder die beiden Standpunkte aufleben lassen und die Menschen emotional berühren.

Inszenieren, übertreiben und provozieren
Tun Sie in seltenen Fällen Unerwartetes. Einfach das Gegenteil von dem, was normal wäre. Eine Idee für Unerwartetes kann sein, dass Sie unübliche Dinge auf die Bühne mitbringen. Am Beginn Ihres Redebeitrages stellen Sie etwas Unübliches unkommentiert auf der Bühne oder auf einem Tisch ab. Am Schluss lösen Sie alles auf.

Sie können eine scheinbar schwere Tasche mitnehmen und gut sichtbar abstellen. Über die Tasche oder den Inhalt sprechen Sie während der Rede nicht. Vielleicht werfen Sie zwischendurch einen Blick zur Tasche. Zum Schluss gehen Sie in Argumentationsschritten auf die Tasche zu, oder Sie stoßen wie zufällig an ihr an. Ihre Hand zögert beim Aufmachen. Und letztendlich ist die Tasche leer, weil Sie dem Publikum nichts mitgeben können, als Ihre Gedanken und Ideen.

Genau so gut können Sie anfangs Laufschuhe hinstellen und ähnlich damit umgehen. Zum Schluss erklären Sie, dass diese Schuhe für Sie Freiheit, Gesundheit und Lebensgefühl bedeuten. Sie fordern die Menschen auf, Ihre Laufschuhe auch so zu sehen.

Die Vortragsbühne und eine freie Rede werden leider allzu oft mit einem Kabarett vertauscht. Sie dürfen natürlich provozieren und amüsant sein. Zu viele verwechseln aber einen hochwertigen und spannenden Vortrag mit Klamauk. Dafür gibt es andere Bühnen.

Zeigen und vorführen

Dreidimensionales ist besser als jede Präsentation. Es ergänzt Ihre Ausführungen ideal, wenn Sie ein Modell, ein Produkt oder ein Muster mitbringen.

Eine Variante des Zeigens ist, etwas verhüllt auf der Bühne zu haben. Darüber dann spannend zu sprechen und es später erst zu zeigen. Sie können in Ausnahmefällen auch einen Gegenstand hinter Ihrem Rücken halten und dann zeigen.

Zeigen Sie etwas oder führen Sie etwas vor

Was können Sie in Ihrem Vortrag zeigen? Und wie zeigen Sie es vor? Möchten Sie es nur vom Tisch nehmen oder aus der Tasche ziehen? Wie kommt das Modell oder Produkt in das Sichtfeld des Publikums? Überlassen Sie das Zaubern anderen, aber überraschen dürfen Sie. Üben Sie dazu eine Variante, die Spannung zulässt.

Ein wichtiger Nebeneffekt für diese und andere Unterbrechungen (Musik, Bilder, ...) ist: Der Fokus und die Aufmerksamkeit des Publikums liegen auf dem Gezeigten. Der Fokus ist verschoben. Sie haben als Redner eine kurze Entspannungsphase, die sie bewusst nützen müssen. Wenn Sie im Vortrag mehrmals kurze Entspannungsphasen einbauen, sind Sie frischer und lebendiger.

Geschichten – Bilder in den Köpfen

Seit Urzeiten sind es Menschen gewöhnt, in Geschichten und Bildern zu denken. Geschichten rufen Emotionen hervor. Bilder, die direkt in den Köpfen der Zuhörer entstehen, packen wirklich. Am besten sprechen Sie über Bilder, die Sie selbst gesehen haben. Besonders gut wirken Ihre Geschichten, wenn Einzelschicksale im Vordergrund stehen.

Die selbst erlebte Geschichte hat eine enorme emotionale Qualität. Wer persönliche Erlebnisse einbaut, wirkt authentisch und offen. Was spannend ist, ist das Besondere, das Konkrete. Eine Geschichte ist dann spannend, wenn sie Entwicklung aufweist und es in ihr einen Wendepunkt gibt. Die Aufmerksamkeit und der Unterhaltungswert sind bei einem Überraschungsmoment sehr hoch. Bedenken Sie aber bitte unbedingt eines: Wer nur Geschichten anderer erzählt, hat keinen Inhalt!

Ihr Publikum möchte definitiv etwas erleben und empfinden. Verwenden Sie einen einfachen Erzählaufbau. Nutzen Sie eine Sprache mit Metaphern, kurzen Sätzen und starken Verben. Versuchen Sie mit minimalistischen Mitteln die größte Wirkung zu erzielen.

Wenn Sie das Gehirn der Zuhörer aktivieren, erhöhen Sie Aufmerksamkeit und Konzentration. Präsentieren Sie Thesen und Ideen, die das Publikum zum Nachdenken herausfordern.

Seien Sie optimistisch und humorvoll. Wenn Ihr Publikum lacht, haben Sie vieles richtig gemacht. Ein Rednergeheimnis lautet: Wenn sie lachen, dann hören sie zu.

Emotionale Erzählstrukturen

Sehr gute und weniger gute Redebeiträge unterscheiden sich in der emotionalen Struktur. Viele Redner kommen nie auf die Idee, ihre Inhalte nach emotionalen Qualitäten zu hinterfragen. Dabei ist der Aufwand für eine emotionale Gestaltung überschaubar und lohnenswert. Wir führen hier einige sehr wirkungsvolle Erzählstrukturen an.

Cliffhanger

Sie erzählen eine Geschichte und hören vor dem Höhepunkt auf. Später oder am Vortragsende erzählen Sie die Geschichte fertig.

Anonymes Reden

Sie sprechen über jemanden oder eine Sache und sagen aber nicht, um wen oder was es sich handelt. Erst wenn Sie am Ende des Abschnitts oder der Geschichte sind, lösen Sie das Ganze auf.

Spannungsankündigung

Sie erwähnen, dass Sie gleich etwas sagen werden: »Ich werde Ihnen gleich erzählen/zeigen.« »Ich verrate Ihnen Besonderes.« »Ich habe Ihnen zwei Geheimnisse mitgebracht.«

Bildhafte Vergleiche

Der gute Redner wird Vergleiche anwenden und Beispiele vorbringen.

Marcus Tullius Cicero, römischer Philosoph

Verloren, wie ohne Raumschiff im Weltall. Das kommt mir vor wie ein Matrose ohne Boot. Ein Segel ohne Wind. Ein Vogel ohne Flügel. Eine Kerze ohne Docht.

Ausdrucksstarke Formulierungen

Lieber weniger und klare Worte als um sich kreisende Allgemeinplätze. Allgemein ist uninteressant. Vermeiden Sie vage Ausdrücke und aufweichende Formulierungen.

Wer bewusst reduziert und anschaulich spricht, wird besser wahrgenommen.

Denkpausen als wahre Verstärker

Wir müssen das Publikum selbst denken lassen. Jeder Zuhörer wird seine persönlichen Einsichten aus Ihren Inhalten selbst ziehen wollen. Deswegen brauchen Redner Mut. Mut zur Sekundenlücke. Wir dürfen das Publikum für Sekunden im Ungewissen lassen. Mehr noch, wir müssen die Macht der Stille nutzen.

Wenn Sie mit Ihren Worten Spannung erzeugen wollen, müssen Sie sich mit einem beschäftigen. Welche Gedanken bringt Ihr Publikum mit und wie können Sie diese Gedanken unterstützen? Wie geben Sie dem Publikum Zeit für seine Gedanken?

Sprechen ist Macht. Situativ ist die Macht des Schweigens aber noch viel größer.

Nutzen definieren und Transfer sichern

Welche Berechtigung bringen Sie mit?
Was ist Ihre Expertise?
Warum soll man gerade Ihnen zuhören?

Ihre Berechtigung zu sprechen und Ihre Expertise müssen überdauernd sein. Die Menschen hören Ihnen zu, weil Ihre Inhalte über den Moment der Rede hinausreichen.

Wenn der letzte Ton verklungen ist, ist Ihre Macht des Sprechens beendet. Im Endeffekt bleibt von Ihrer Rede nur eines übrig. Das, was die Menschen im Publikum für sich mitnehmen und umsetzen. Dazu sollen die Zuhörer den Nutzen Ihrer Inhalte klar erkennen. Sie müssen dem Publikum die Chance geben, den Transfer in den Alltag zu schaffen.

Einen am Transfer interessierten Zuhörer erkennen Sie daran, dass er sich Notizen macht oder Ihre Folien teilweise abfotografiert. Je mehr Menschen im Publikum das machen, desto höher ist die Wahrscheinlichkeit, dass sie sich etwas von Ihren Inhalten mitnehmen und umsetzen wollen.

Während der Rede ist es sinnvoll, darauf hinzuweisen, was für die Zuhörer bedeutsam ist. »Wir konnten für Sie ... lösen.« »Wir geben Ihnen Werkzeuge für die Umsetzung in die Hand.« »Für Sie bedeutet diese Erkenntnis, dass Sie morgen den ersten Schritt machen.«

Sie müssen dem Publikum konkret sagen, was es tun soll, was es vorher nicht getan hat. Ihre Handlungsanleitungen beachten dabei das Prinzip der kleinen Schritte. Niemand wird wegen einem Vortrag sein Leben ändern. Zumindest nicht gleich.

Vergessen und vermeiden, beachten und beherzigen

Seriöse Redner verbieten sich Witze. Wer nicht auf kurzfristige Effekte und Lacher aus ist, wird niemals Witze erzählen. Wir können es nur entschieden ablehnen, auf Kosten von Menschen im Publikum Scherze zu machen. Damit disqualifiziert sich ein Vortragender von selbst. Diese Vorgehensweise ist kontraproduktiv.

Hilflos wirken die Versuche, die eigene Homepage oder E-Mail-Adresse zu thematisieren. Egal ob Sie Gewinnspiele ausrufen oder die angeblich letzten Plätze für das nächste Seminar verkaufen oder Ihr Buch zum Sonderpreis anbieten. Ein Klassiker der Hoffnungslosigkeit ist es, wenn während des Vortrags um Kontaktaufnahme per XING, Facebook, ... gebeten wird. Wenn Sie die Zuhörer richtig gut finden, finden diese Sie auch in den Weiten des Internets. Wenn ein Redebeitrag nicht so richtig prickelnd ist, bringen auch Überraschungen und unerwartete Wendungen um jeden Preis nichts. Das Publikum durchschaut so einen Versuch blitzschnell.

Zeigen Sie Ihre Persönlichkeit. Überraschen Sie mit Emotionen, einem originellen Bild, einer persönlichen Geschichte und Ihrem Auftritt. Bedenken Sie zusätzlich, der einfachste Ton hat noch immer den stärksten Ausdruck.

Was Sie aus Respekt vor den Zuhörern und als Anspruch an sich selbst beherzigen sollten: Halten Sie Ihre Redezeit ein. Unterschreiten sie diese eher geringfügig. Das macht es spannend. Das Publikum hat das Gefühl, dass Sie stilvoll agieren und es noch mehr von Ihnen hören möchte.

3.14 Spontaneität

Häufig stellen uns Menschen in Seminaren und Coachings die Frage, wie sie spontan zu einem Thema sprechen können. Aber auch, wie sie spontan und schlagfertig auf Störungen reagieren sollen.

Für das spontane Sprechen empfehlen wir, dass Sie sich einfache Strukturen einprägen. Diese sind leicht zu merken und sehr effektiv.

Die einfache Redestrukturierung

1. Beschreibung der Situation. (Was ist?)
2. Das Ziel, das erreicht werden soll. (Wie soll es sein?)
3. Die Wege dorthin. (Lösungen)

Strukturieren Sie Ihre Rede

Verwenden Sie die drei Punkte der einfachen Redestrukturierung:
Beschreiben Sie eine Situation, die zu Ihrem Thema und Ihrem Publikum passt.
Skizzieren Sie, wie das neue Ziel definiert und erreicht wird.
Zeigen Sie die Wege dorthin auf, die durch Ihre Lösung oder die Lösungen der Zuhörer möglich sind.

Das Vier-Stufen-Prinzip

1. Sie sagen, wie sich die Situation darstellt.
2. Sie sagen, was getan werden muss.
3. Sie sagen, was passiert, wenn nichts getan wird.
4. Sie sagen, welchen Nutzen es hat, jetzt Maßnahmen zu ergreifen.

Erweitern Sie die Struktur Ihrer Rede

Hier gibt es einen maßgeblichen Unterschied. Sie überlegen sich zusätzlich, was passiert, wenn nichts getan wird. Dazu sind natürlich existenzielle Themen bestens geeignet. Dadurch erhöhen Sie die Aufmerksamkeit und die Motivation zum Handeln.

Mit Störungen umgehen

Kleine Störungen ignorieren Sie am besten. Sie tun so, als ob nichts wäre. Wenn beispielsweise ein Kellner noch unbedingt durch den Raum muss oder bei Personen im Auditorium das Handy klingelt. Das kommentieren Sie bitte nie. Dadurch lassen Sie sich keinesfalls stören.

Reagieren müssen Sie aber auf Zwischenrufe. Dabei ist eine humorvolle Antwort eine gute Antwort: »Auf Ihren Zwischenruf warte ich schon die ganze Zeit.« Oder Sie sprechen an, was alle wissen: »Sie scheinen mich aus dem Konzept bringen zu wollen, das wird Ihnen nicht gelingen.«

3.15 Der perfekte Abschluss

Mehrdeutige und offene Schlüsse eignen sich auf der Vortragsbühne nicht. Wir sind nicht im Theater oder im Film. Sorgen Sie für klare Verhältnisse zum Schluss.

Weisen Sie unmissverständlich in die Zukunft. Sprechen Sie einen überzeugenden Wunsch aus. Kommentieren Sie ein Zitat aus dem Redebeginn und machen Sie die Sache rund und zu.

Ein logischer Schlusssatz ist ein klar formulierter Satz, der die zentrale Perspektive nochmals auf den Punkt bringt. Für Sie und für das Publikum.

- Ihr Schlusssatz sollte eine Botschaft beinhalten. Keine Rede ohne Botschaft.
- Der Schluss sollte eine konkrete Handlungsanweisung enthalten. Etwas, das Ihr Publikum ausführen kann. Diese Handlung macht aus passiven Zuhörern aktive Umsetzer. Ein psychologisch wichtiger Schritt, um Menschen für Ihre Sache zu gewinnen.
- Empfehlenswert ist die inhaltliche Rückkopplung zum Beginn Ihrer Rede.

Letzte Worte

Negative Klassiker für Abschlüsse, die Sie nicht verwenden sollten, sind: »Bevor ich jetzt zum Schluss komme, möchte ich für Sie zusammenfassen.« Oder: »Zum Schluss bin ich auch schon beim Letzten.«

Wir empfehlen dringend das Schlussbild oder den ausgeschmückten Schlusssatz mit »Vielen Dank für Ihre Aufmerksamkeit« wegzulassen. Sie müssen den letzten Eindruck Ihrer Rede stärken, nicht schwächen. Kein Mensch im Publikum wird diese Floskel vermissen.

Wesentlich besser klingen: »Ich finde …«, »Ich wünsche mir …«, »Ich empfehle Ihnen …« Eine gute Variante ist: »Ich schließe mit folgenden Worten: …«

Sie können Ihren Abschlusssatz auch aus einem Buch vorlesen und dieses mit Blick zum Publikum zuklappen. Dann sollte Ihre Schlussmusik erklingen und Sie verbeugen sich. Es genügt dabei Ihren Kopf zu senken.

Applaus

Jedes Publikum ist anders. Einmal erhalten Sie fast keinen Applaus, beim nächsten Vortrag applaudieren die Zuhörer sehr lange. Man kann nicht von Publikum zu Publikum vergleichen, sondern nur von Redner zu Redner. Bekamen schon die Vorredner wenig Applaus, so liegt es meist am passiven Auditorium.

Klar sagen kann man eines: Wer belohnt, wird belohnt. Wer den Nerv der Zuhörer trifft und auf ihr Konto einzahlt, erntet Applaus. Den Applaus müssen Bühnenmenschen freudig entgegennehmen. Versuchen Sie nie den Applaus abzuwehren oder schon vorzeitig den Rednerplatz zu verlassen. Bleiben Sie, solange Sie noch gerne gesehen und gefeiert werden. Genießen Sie diesen Moment.

Abmoderation

Was Ihnen eine gute Anmoderation vor Ihrem Redebeitrag eröffnet, schließt eine gute Abmoderation perfekt ab. Redner, die verloren auf der Bühne stehen und warten, dass doch noch jemand eine Frage hat, wirken hilflos und wenig attraktiv.

Sagen Sie niemals »Hat noch jemand Fragen?«. Sorgen Sie besser im Vorfeld dafür, dass Fragen für die Abmoderation vorbereitet sind. Aber nur dann, wenn dies zum Veranstaltungsformat oder zum Zeitplan passt.

Der richtige Zeitpunkt für den Abgang von der Bühne erfordert, genau so wie der Auftritt, Planung und Übung. Spricht nach Ihnen der Moderator noch über allgemeine Hinweise, so treten Sie zur Seite. Bleiben Sie noch auf der Bühne, aber ziehen Sie sich merklich aus dem Mittelpunkt des Geschehens zurück. Geben Sie dem Moderator Raum. Das macht Sie sympathisch und zeigt Ihre kommunikative Kompetenz.

Das Ende nach dem Ende

Es gibt ein Ende nach dem Ende. Das höchste Niveau erreichen Sie, wenn die Menschen zu Ihnen kommen. Wenn Sie nicht von der Bühne kommen, weil bereits Menschen aus dem Publikum dastehen. Wenn Sie vor dem Konferenzsaal oder Seminarraum angesprochen werden. Wenn Ihnen die Fragen gestellt werden, die andere Sprecher auf der Bühne so gerne hören würden.

Es ist Ihre eigene Art von Applaus. Ihre Applausverlängerung, die Sie sich erarbeitet haben und die Sie auf das nächste Niveau hebt. Aus den Gesprächen nach den Vorträgen ergeben sich meist interessante Chancen.

Ein gelungener Auftritt ist auch in Podiumsdiskussionen, Talk-Sendungen und in den Medien sehr wichtig. In Kapitel 4 geht es um *Reden ist mehr*.

4.

Reden ist mehr: Wirkung für Podiumsdiskussion, Talk und Medien

Was Sie brauchen, um bei Podiumsdiskussionen und Talk-Sendungen willkommen zu sein:

- Ein paar gute und kluge Gedanken, die Sie besonders gut ausdrücken können.
- Knackige Beispiele und originelle Bilder für die Köpfe der Zuseher.
- Lust zur scharfsinnigen Auseinandersetzung.

Was Sie in der Live-Situation brauchen: Konzentrieren Sie sich auf Ihren Job und geben Sie intelligente und überraschende Antworten.

4.1 Podiumsdiskussion und Talksendung

Im Vorfeld Ihres Auftritts bereiten Sie Ihre Kernbotschaften vor und stellen Sie sich Fragen:

- Wer sind die anderen Diskussionsteilnehmer?
- Kennen Sie die Positionen und Argumente der anderen?
- Wie reagieren Sie auf Kritik oder Gegenpositionen?
- Wie lange dauert die Sendung?
- Sitzen oder stehen die Teilnehmer?

Welche Farben überwiegen auf der Bühne oder in der Dekoration? Das ist wichtig für die passende Kleidung. Wählen Sie eher unifarbene Kleidung.

Sie müssen wissen, was Sie in der Schlussrunde sagen wollen. Das bleibt den Zusehern stark in Erinnerung.

Position, Sprechverhalten und Kernbotschaft

Zu passive oder zu angriffslustige Positionen machen Sie nicht zum Sympathieträger der Zuseher. Eine korrekte Sitzposition und ein höfliches Diskussionsverhalten sind der Standard. Die an Sie gestellten Fragen sollen Sie locker und präzise beantworten. Dadurch wirken Sie sympathisch. Natürlich werden Sie stets versuchen, eigene Kernbotschaften einzubauen. Das ist legitim, deswegen wurden Sie auch eingeladen.

Erfolgsregeln

- Hören Sie aktiv zu und seien Sie präsent.
- Bringen Sie Ihre Kernbotschaften gleich einmal zu Beginn vor.
- Beteiligen Sie sich aktiv.
- Greifen Sie niemals andere Teilnehmer persönlich an. Sie dürfen aber deren Argumente und Sichtweisen ansprechen und kritisieren.
- Signalisieren Sie dem Moderator dezent, wenn Sie einen Redebeitrag einbringen möchten.
- Lassen Sie sich nicht unterbrechen. Am besten fordern Sie die Fortsetzung Ihres Redebeitrags so ein: »Ich möchte diesen Gedanken bitte noch zu Ende bringen.«
- Wirken Sie kooperativ, aber seien Sie eigennützig.

Solange, wie ein Streichholz brennt

Wer seine Redezeit überdehnt, wird selten dafür belohnt, weder beim Vortrag und schon überhaupt nicht bei Podiumsdiskussionen oder in Talkformaten. Antworten Sie solange, wie ein Streichholz brennt. Diese Dauer ist interessant und spannend.

In Talkshows mit wenigen Gästen oder dezidiert mehr Zeit für Statements sollten Sie nie mehr als zwei bis drei Minuten am Stück sprechen. Das Gehirn der Zuhörer langweilt sich ansonsten. Niemand will ein brillanter Langweiler mit perfekten Redebeiträgen sein. Besser in Erinnerung bleibt derjenige, der es versteht, mit Klarheit und Emotion zu punkten.

Unwissen zugeben

Selbst wenn Sie noch so eine Experte sind, irgendeinen Aspekt wissen vielleicht nicht einmal Sie. Sollten Sie das überspielen, werden es die Menschen intuitiv merken. Wer Unwissen überspielt, blamiert sich. Zugeben hingegen macht sympathisch.

Sie können das auf eine ganz charmante Art machen:
»Da kann ich jetzt leider nichts Intelligentes dazu sagen.« Insbesondere auf eine unklare oder unlogische Frage, die Sie nicht weiter thematisieren wollen.
»Über diese Frage müsste ich mutmaßen, und das ist nicht meine Art.«
»Diese Fakten kenne ich nicht, deshalb kann ich dazu nicht Stellung nehmen.«
»Das weiß ich nicht. Noch weiß ich es nicht.«

Fragen drehen – Themen wechseln – Behauptungen entkräften

Es gibt Situationen, in denen Sie mit Fragen und Themen konfrontiert werden, die Sie nicht beantworten wollen oder können. Themenwechsel helfen in unguten Gesprächssituationen und defensiven Gesprächsverläufen.

Wir geben Ihnen wirkungsvolle Methoden in die Hand, diese Fragen zu drehen:
»Die Frage ist insofern nicht gut gestellt, da ...«
»Die Frage ist insofern nicht gut recherchiert, es ist nämlich so ...«
»Diese Frage hat mich nie interessiert. Im Zentrum meines Bemühens steht vielmehr ...«
»Meine persönlichen Befindlichkeiten spielen in dieser Frage keine Rolle.«
»So eine Frage kann sicher nur beantworten, wer das selbst erlebt hat.«

Es kann Ihnen etwas passieren, was vielen passiert. Sie werden im Gesprächsverlauf immer und immer wieder mit falschen Aussagen konfrontiert. Dann liegt es an Ihnen zu reagieren. Sie können sagen, dass eine Behauptung durch eine Wiederholung noch kein Beweis wird.

Klare Positionierung und Schlagfertigkeit

Wenn Sie auf einen Vorredner angesprochen werden oder antworten müssen, ist es wenig interessant, wenn Sie keine Trennschärfe bieten. Wenn Sie nur versuchen, eine vorhandene Distanz beispielsweise mit, »Ich bin da etwas anderer Meinung« auszudrücken. Wesentlich wirkungsvoller ist in diesem Fall ein, »Ich bin völlig anderer Meinung!«

So, wie sich Fragen drehen lassen, eignen sich bis zu einem gewissen Grad auch die Aussagen der Vorredner zum Variieren für Ihre Sache: »Sie haben vorhin gesagt, dass ...« »Ich weiß nicht, ob Sie das so gemeint haben, denn ...«

Wenn Sie jemand angreift, dann antworten Sie am überzeugendsten in kurzen Sätzen. Das klingt am wenigsten nach Rechtfertigung.

Im Falle eines Angriffs können Sie mit einem Pufferwort das zu Ihnen Gesagte indirekt von sich weisen:
»Ach so.«
»Wirklich?«
»Ist das so?«

Andere Varianten sind:
»Sie sind nicht überzeugt? Ich bin es.«
»Ich rechtfertige mich nicht. Ich informiere Sie.«

Es ist auch denkbar auf andere Experten zu verweisen oder einen Angriff abzuwehren:
»Was wollen Sie damit sagen?«

Sehr hilfreich ist es, wenn Sie ein Thema ablehnen, aber trotzdem weiter kommunizieren.

Letzte Geheimnisse

- Holen Sie Ihren jeweiligen Dialogpartner bei seinen Interessen ab. Diese Empathiefähigkeit unterscheidet Sie deutlich positiv von anderen.

- Sollte jemand aufgeregt und laut in Ihre Richtung argumentieren, so fragen Sie leise, fast privat und nahezu freundschaftlich nach. Diese Konfliktfähigkeit zeigt Ihr hohes Niveau.
- Machen Sie sich laufend Notizen. Mit deren Hilfe können Sie Argumentationslinien aufbauen, sichere Rückblicke und Struktur in Ihre Beiträge bringen. Das klingt dann sehr kompetent.

4.2 Medientraining – ein Überblick

Wer die Arbeitsweise der Journalisten kennt, braucht keine Angst vor Medien zu haben. Egal, ob Sie eine Pressekonferenz geben, ein Zeitungsinterview haben oder Gast in einer Radio- oder TV-Sendung sind. Es ist wichtig, in den Medien gute Gefühle zu erzeugen. Medientraining ist praktisches Üben unter realitätsnahen Bedingungen. Medientraining hat zudem das Ziel, dass Sie Unterlagen für die Medien erstellen können.

Grundüberlegungen:
Auf welche Herausforderungen müssen Sie sich vorbereiten?
Wie verpacken Sie Ihre Kernbotschaften am besten?
Wie präsentieren Sie Ihre Themen und wie sehen Ihre Unterlagen aus?
Sprechen Sie deutlich und verständlich?
Wie wirken Sie locker und souverän?
Wie gestalten Sie Ihren Auftritt glaubwürdig und sympathisch?

Sie und die Medien – gleiches und ungleiches Interesse

Gleiches Interesse: Im Endeffekt haben Sie und der Interviewer oder Gesprächspartner identische Ziele. Sie wollen vom Hörer, Leser oder Zuseher gehört und verstanden werden. Wer Medien produziert oder sich der Medien bedient, will öffentlich wirken.

Ungleiches Interesse: Der Interviewte will sein Anliegen der Öffentlichkeit vorteilhaft präsentieren. Der Interviewer sucht aber gerne nach Ungereimtheiten und nach persönlichen Dingen. Er will Ihnen Standpunkte und Fakten entlocken, die Sie so nie von sich gegeben hätten.

Was Journalisten mögen – was Sie anbieten und einfordern

Medienvertreter suchen das Besondere und die Exklusivinformation. Deswegen suchen sie starke und schillernde Persönlichkeiten, die sich mutig und klar äußern.

Der Berichtsgegenstand soll aktuell sein und im allgemeinen Interesse liegen. Er muss nachvollziehbar sein, Probleme aufzeigen und auf Verbesserungen hinweisen. Ideal sind menschliche, bemerkenswerte und unterhaltsame Inhalte. Diese Faktoren wecken die Aufmerksamkeit der Medien.

Ihr bemerkenswertes Angebot für die Medien

Was haben Sie den Medien anzubieten?
Was ist für die Medienkonsumenten bemerkenswert an Ihrem Thema?
Welche exklusiven Informationen oder welche Expertise bieten Sie den Medien an?
Welche Problemlagen zeigen Sie für andere auf?
Auf welche Verbesserungen weisen Sie hin?

Verlieren Sie sich dabei nicht in Details. Bleiben Sie in Ihren Formulierungen für die Medien möglichst klar und prägnant. Auf maximal einer Seite muss Platz finden, was an Ihnen als Person und an Ihren Themen bemerkenswert ist.

Um in den Medien zu bestehen, müssen Sie deren Fragetechniken kennen

Die journalistischen Grundfragen sind allen bekannt:
Was? Wann? Wo? Wer? Wie?
Die journalistischen Hauptfragen reichen weiter und gehen wesentlich tiefer:
Wieso? (Entstehung/Ursache)
Warum? (Gründe/Motive)
Weshalb? (Zweck)

Ihre klare Abgrenzung

Medientermine gehören gut vorbereitet. Reagieren Sie nicht sofort auf einen Zuruf oder Anruf. Setzen Sie besser auf eine Nachdenkpause. Sie müssen selbst ein Konzept für den Medientermin haben, um nicht überrumpelt zu werden. Verdrehte Halbsätze, die Sie nie so gemeint haben, beschädigen abgedruckt und veröffentlicht nur Ihren Ruf. Vereinbaren Sie eine Freigabe, damit Sie vor Veröffentlichung den Text noch einmal durchsehen können.

Gute Position und perfekte Rahmenbedingungen

Eine Interviewsituation bringt Chancen und Gefahren mit sich. Kleinigkeiten haben enorme Wirkung. Wenn Sie vor laufender Kamera eine schlechte Position einnehmen, wirkt das auch schlecht. Stehen oder sitzen Sie nie zu nahe an einer Wand im Raum. Dies gilt auch im Freien vor einem Gebäude. Das Bild vermittelt, dass Sie mit dem Rücken zur Wand stehen. Das wirkt eng, passiv und auch unflexibel.

Für Interviews oder Medientermine wählen Sie am besten eine großzügige Räumlichkeit oder einen Platz im Freien mit Aussicht und Perspektive. Achten Sie im Inneren von Gebäuden auf genügend Abstand zu Wänden und Menschen im Raum. Ihre Aura darf nicht eingeengt werden. Dies würde Ihre Wirkung reduzieren und Sie ins Abseits bringen.

Vermeiden Sie bei Film- oder Fotoaufnahmen eine glänzende Haut. Dies richtet sich vor allem an Männer, da Frauen sich eher schminken. Eine Stirn mit dem Ansatz von Schweißperlen bringt Sie schon im Vorhinein in die Defensive. Professionelle Medien bringen üblicherweise Puder für Ihr Gesicht mit. Ansonsten müssen Sie danach fragen oder selbst dafür sorgen.

Professionelle Unterlagen – gelungene Pressekonferenz

Professionelle Unterlagen sind die Grundlage für einen professionellen Termin. Bereiten Sie eine besondere Mappe für Ihr Gegenüber vor.

In Ihrer Presse- oder Medienmappe befinden sich idealerweise:

- ein Positionierungstext auf einer Seite (einmal ausgedruckt und einmal auf Datenträger oder Sie senden den Text zu)
- hochwertige Pressebilder (einmal ausgedruckt und einmal auf Datenträger oder Sie senden die Bilddateien zu)
- Unterlagen Ihres Unternehmens oder Ihres Themas
- Schreibblock und hochwertiger Stift

Vergessen Sie nicht die gastfreundliche Bewirtung. Diese ist Standard und wird auch so erwartet.

Wenn Sie eine Pressekonferenz ausrichten, vermeiden Sie unbedingt, dass Sie diese als Protagonist selbst moderieren. Es ist wesentlich charmanter, wenn jemand anderer durch die Pressekonferenz führt und auch gemeinsam vorbereitete Fragen an Sie stellt. Am besten natürlich jemand aus Ihrem Umfeld, der noch dazu den Ablauf steuert und die zeitliche Komponente in der Hand hat. Diese Situation ist für Journalisten nicht ungewöhnlich und vermeidet auch eine Leere, wenn gerade niemand eine Frage stellen sollte.

Medientraining wirkt

Medientraining muss nahe an der Realität stattfinden. Sie üben und perfektionieren Ihre medialen Auftritte nur dann, wenn Sie auch gefordert werden. Das wissen wir aus eigener Erfahrung. Deswegen bietet Ihnen ein professionelles Medien-Coaching eine praxisorientierte und stringente Trainingssituation.

Wirkungsvolles Medientraining beinhaltet:

- Kernbotschaften erarbeiten und verschiedene Antwortmöglichkeiten finden.
- Mögliche Fragen und Antworten durchgehen und trainieren.
- Alle Themen in Vergangenheit, Gegenwart und Zukunft bedenken.
- Ihre Themenführerschaft herausarbeiten und Ihre Marktführerschaft zeigen.
- Den Fokus auf die Zukunft legen. Was ist neu, was ist oder wird anders?
- Umgang mit unfairen Fragetechniken, um sicher und kompetent zu reagieren.
- Sprechtraining und Augenmerk auf die Körpersprache, um Verständlichkeit und Ausdruck zu erarbeiten.
- Die Sprechsituation, die Sprechposition und die Sendezeit oder Zeit des Auftritts in der passenden Kleidung simulieren und üben.
- Lockeres Kameratraining, um in der Live-Situation souverän zu bleiben.
- Mit Videotraining die eigene Medienwirkung und die Trainingserfolge gemeinsam analysieren.

Gute Trainer rechnen sich, weil sie Ihnen Sicherheit und Wirkung verschaffen. Wer sicher und wirkungsvoll auftritt, hat eine gute Basis für große Sprechanlässe. Im Kapitel 5 *Reden als Beruf*, skizzieren wir *Konkretes zur Vermarktung*.

5.

Reden als Beruf – Konkretes zur Vermarktung

Sollten Sie das Sprechen und Präsentieren zu Ihrem Beruf machen wollen oder bereits gemacht haben, brauchen Sie Auftrittsmöglichkeiten. Natürlich müssen wir an dieser Stelle klar zwischen Berufssprechern und Vortragsrednern unterscheiden. Schauspieler und Sänger behandeln wir an dieser Stelle nicht explizit, da diese künstlerischen Berufe durch Engagements an ein Schauspielhaus oder Musiktheater gebunden sind.

Zu den Berufssprechern zählen wir:

- Dozenten, Pädagogen und Seminarleiter vermitteln ihr Wissen zumeist über das gesprochene Wort. Dabei befinden sich Dozenten und Pädagogen meist in einem Anstellungsverhältnis und müssen nicht auf dem freien Markt agieren.
- Radio- oder TV-Sprecher sind öffentlich bekannt. Sie sind mit Verträgen von ihren Sendern engagiert. Personen aus der Medienszene arbeiten zusätzlich gerne als Moderatoren bei Veranstaltungen und stehen dann dort auf der Bühne.
- Synchronsprecher arbeiten meist projektbezogen für Filme oder Hörbuchproduktionen und sind weniger bekannt als die Sprecher in den Medien.

Diese drei Berufsgruppen, egal ob öffentlichkeitswirksam oder verborgen im Studio, haben aber nicht wirklich etwas mit der Tätigkeit eines Vortragsredners zu tun.

Vortragsredner vermarkten sich und Ihr Thema selbst. Sie müssen Angebote und Buchungen bekommen oder sich eigene Gelegenheiten für Auftritte schaffen. Hilfreich können Agenturen sein, die Vortragsredner gegen ein Honorar vermitteln. Aber wie in jeder Branche gibt es auch bei den Agenturen seriöse und unseriöse, erfolgreiche und weniger erfolgreiche.

Berufliche, fachliche und firmeninterne Sprechanlässe sind häufig gegeben. Diese Reden werden dann selten extra bezahlt, sondern sind Teil einer beruflichen Verpflichtung. Wie kommen Sie aber auf Branchen-Veranstaltungen, Kongresse oder internationale Konferenzen? Wie schaffen Sie es, dass man Sie für das Reden bezahlt? Wie sieht Ihr eigenes Rednerprofil aus, mit dem Sie sich am Markt präsentieren und von diesem abheben?

5.1 Alleinstellungsmerkmal und Empfehlungsmarketing

Ihr Alleinstellungsmerkmal ist Ihr größtes Kapital. Wenn Sie nicht in der Masse untergehen, sondern selbst Themenführer sind, dann ist das wirklich gut. Der Markt ist zu umkämpft, um als Themenfolger reüssieren zu können. Sie müssen die Themen vorgeben und weiterentwickeln. Nur dadurch werden Sie als Experte wahrgenommen und auch gebucht.

Aktuell drängen sehr viele Redner auf den Markt. Dabei gibt es genug Mittelmaß auf den Vortragsbühnen. Dort, wo alle sind, ist nichts zu holen. Ähnliche Redner mit ähnlichen Themen und ähnlichem Zielpublikum erreichen nur ähnliche Veranstaltungen mit ähnlichen Vortragshonoraren. Wer da dazugehört, wird es am Rednermarkt schwer haben. Reichen Sie jedoch über die breite Masse hinaus, dann wird man Sie auch gerne weiterempfehlen. Ihr Rednerprofil muss ein fachliches und idealerweise ein persönliches Alleinstellungsmerkmal aufweisen. Ihre Person und Ihr Thema müssen positiv auffallen und in Erinnerung bleiben.

Die Wirkung klassischer Werbung sinkt kontinuierlich, da wir die tägliche Flut an Werbebotschaften kaum noch verarbeiten können. Die Glaubwürdigkeit vollmundiger Werbeversprechen sinkt ebenfalls. Wer aber von Ihnen als Redner begeistert ist, vermittelt anderen Menschen positive Eindrücke weiter. Das ist wesentlich mehr, als Sie von klassischer Werbung erwarten dürfen.

Die höchste Form des Marketings ist zweifellos das Empfehlungsmarketing. Egal, ob durch Empfehlungen nach Ihren Vorträgen oder weil Sie sich viele Kontakte aufgebaut haben. Solche Multiplikatoren sind mit Freude für Sie tätig.

Bedenken Sie bitte, Empfehlungsmarketing wird Ihnen nicht geschenkt und Empfehlungsmarketing können Sie nicht wirklich kaufen. Es gibt allerdings undurchsichtige Angebote, Urkunden für diverse Bezeichnungen sogenannter Goldredner, Superredner, ... käuflich zu erwerben. Über den Wert dieser und ähnlicher »Auszeichnungen« lässt sich trefflich streiten. Empfehlungen beruhen auf der von Ihnen erbrachten Leistung und Qualität. Das macht diese Form der Vermarktung so wertvoll. Wer empfohlen wird, hat viel weniger mit Preisattacken zu tun als jene, die sich nach Auftritten umsehen müssen. Weiterempfehlungen alleine sind natürlich zu wenig. Sorgen Sie deshalb für ein breites Spektrum in Ihrer Vermarktung.

5.2 Marketing: Homepage, soziale Medien und Radio/TV/Presse

Marketing-technisch soll Ihre Homepage über einen Download-Sektor verfügen, sowie Ihre Top-Referenzen, Artikel und Bücher beinhalten. Eine Homepage hat immer eine Art Verfallsdatum, was die optische Anmutung und die Struktur betrifft. Investieren Sie in gewissen Abständen Zeit und Geld in ein aktuelles Homepage-Format.

Bei den sozialen Medien sind in der Wirtschaft XING und LinkedIn beliebt. Facebook ist dafür oft zu oberflächlich und vielfach eine reine Selbstdarstellung. Ob Ihnen Twitter und andere sympathisch sind, müssen Sie selbst entscheiden. Die sozialen Medien unterliegen einem stetigen Wandel. Beurteilen Sie von Zeit zu Zeit, ob das jeweilige Medium für Sie und Ihre Ziele passend ist.

Für Radio, TV und Presse müssen Sie Ihre Botschaft zuspitzen und mit einem Neuigkeitswert versehen. Als Redner preisen Sie nicht Ihre Leistungen an, sondern solidarisieren sich mit Ihrer Zielgruppe. Sie sprechen über deren Probleme und erklären, wie man diesen begegnen kann. Dadurch platzieren Sie Ihre Themen und Ihre Person in Sendungen und Printmedien.

5.3 Ein eigenes Buch

Wer will es nicht, das Buch mit seinem Namen am Cover? Bücher werden auch in Zeiten der Digitalisierung hoch eingeschätzt. Ein eigenes Buch wird in der Branche gerne als eine Art »Dr.-Titel« oder zumindest als hochwertige Referenz bezeichnet. Eine Publikation wertet Ihren Status und Ihre Positionierung weiter auf.

Seit der Buchdruckmaschine Gutenbergs im Jahr 1442 haben sich die Herstellungsmethoden revolutioniert. Die Zugänge zur Buchproduktion sind seitdem sehr einfach geworden. Ein richtiger Verlag und keine »Internet-Druckmaschine« für Billigbücher unterstreicht Ihre Kompetenz aber wesentlich. Es mag gerade für manche modern sein, »ihr« Buch von einem Ghostwriter schreiben zu lassen. Unter einem eigenen Buch verstehen wir und naturgemäß jeder Leser auch, ein selbst verfasstes Buch. Daran gibt es nichts zu rütteln. Ihre eigenen Gedanken, Ihr Wissen und Ihre Erfahrungen sind die Basis für eine Veröffentlichung.

5.4 Vermarktung auf der Bühne

Auf der Bühne agieren Sie bitte beim Thema Vermarktung äußerst dezent. Sobald Sie zu sprechen beginnen, sind Sie und Ihr Vortrag die einzigen Marketinginstrumente. Alles andere würde Ihren Ruf schädigen und Ihr Publikum verstören.

Wenn Ihr Auftraggeber Ihr Honorar übernimmt und Menschen zu Ihrem Vortrag einlädt, ist ein Bühnen-Marketing von Rednerseite her völlig unangebracht. Kaufen sich die Menschen im Publikum die Eintrittskarte für Ihren Vortrag selbst, erscheint es diesen sicher unverständlich, warum ein Redner seine Redezeit dafür nutzt, für sich selbst Werbung zu machen. Die Menschen bezahlen für Ihr Thema, Ihre Kompetenz und Ihre Emotionen. Die Menschen bezahlen nicht für einen Werbeauftritt.

Eigene Vermarktungsaktivitäten in einem Auftritt einzubauen und zu thematisieren bringt selten positive Effekte. Eine stilvolle Bescheidenheit und eine beeindruckende Leistung auf der Bühne sind die beste Vermarktung, die Sie einsetzen können.

5.5 Small Talk und Kurzvorstellung, im Aufzug oder sonst wo

Sie kennen diese Momente, wenn Sie jemanden kennenlernen, dem Sie kurz erzählen möchten, was Sie so machen. Dazu brauchen Sie eine gute Struktur.

Der Kerngedanke einer Kurzvorstellung, die als Elevator Pitch oder Elevator Speech bezeichnet wird, basiert auf folgendem Szenario. Sie treffen eine interessante Person in einem Aufzug. Während der kurzen Dauer der Aufzugfahrt, die kaum dreißig bis neunzig Sekunden überschreitet, sollen Sie die Person neben Ihnen von Ihrer Idee überzeugen. Haben Sie den Wert Ihrer Idee überzeugend vorgestellt, besteht die Chance, das Gespräch weiter zu führen oder einen Termin zu vereinbaren.

Der Aufzug ist natürlich nur ein Symbol für die beschränkt zur Verfügung stehende Zeit in vielen Situationen.

Ihre Selbstdarstellung für spontane Gespräche und Möglichkeiten des Austausches soll beinhalten:

- Wer sind Sie?
- Was tun Sie?
- Wie tun Sie das?
- Für wen tun Sie das?
- Was haben diese Menschen davon?

Ihre einprägsame Kurzvorstellung

Verfassen Sie Ihre eigene Kurzvorstellung vorerst einmal schriftlich. Aktualisieren und verbessern Sie diese Minipräsentation laufend. Sie müssen es vor allem schaffen, den Text einprägsam zu formulieren. Sprechen Sie Ihre Kurzvorstellung regelmäßig durch. Dies bringt Sie in die Lage im konkreten Fall locker und souverän zu agieren.

Wie gut und erfolgreich Sie sich letztlich auf der Bühne präsentieren, hängt nicht nur von der Vermarktung ab. *Die Form des Sprechens* ist ebenso bedeutend. Diese behandeln wir im anschließenden Kapitel.

6.
Die Form des Sprechens – Basistraining Sprechtechnik

Es ist nicht genug, dass man redet. Man muss auch richtig reden.

William Shakespeare, englischer Dramatiker und Schauspieler

Die Sprechtechnik beschäftigt sich mit dem Erlernen und Einüben artikulatorischer Vorgänge. Durch die sprechtechnischen Übungen zu den einzelnen Lauten perfektionieren Sie Ihre gesprochene Sprache. Mehr noch, Sie bekommen ein Gefühl für den zeitlichen Ablauf, Ihre Sprechgeschwindigkeit, die erforderliche Pausensetzung und die Variationsmöglichkeiten durch die Lautstärke. Dadurch erhöhen Sie Ihre Sicherheit für Reden und Präsentationen, aber auch im persönlichen Gespräch.

Die sprechtechnischen Inhalte sind von hohem Wert, weil Ihre Dialogpartner Einsatz, Leistung und Qualität erwarten. Die Sprechtechnik ist mehr als ein Stilmittel oder eine Attitüde zur Präsentation von Inhalten. Wir möchten, dass unser Gegenüber unsere fachliche Autorität wahrnimmt und unseren Worten gerne folgt. Das beste Argument bleibt ungehört, wenn unsere Art zu reden unsicher und unverständlich wirkt. Was nützt Ihnen die beste und aufwendigste Präsentation, wenn Sie mit Ihrer Stimme den Raum nicht füllen können? Stimme und Sprache sind die Schlüssel für Vortrag, Präsentation aber auch für die Verhandlung im kleinen Rahmen.

6.1 Vorbemerkung zu den Sprechübungen und Hörbeispielen

Sie erfahren in diesem Kapitel die Grundlagen zur richtigen Aussprache. Konsequentes Training mit den Sprechübungen und Hörbeispielen verbessert Ihre akustische Maske. Nach Elias Canetti ist die akustische Maske eines Menschen jene Tatsache, die eine Person in Ihrer sprachlichen Gestalt definiert. Genau wie die Physiognomie oder seine gesamte körperliche Gestalt den Menschen ebenfalls sichtbar machen.

Die richtige Artikulation und das vollendete Sprechen sollten Sie im persönlichen Unterricht weiter ausbauen und perfektionieren. Generell ist ein permanentes Sprechtraining durch nichts zu ersetzen.

Sie finden im Innenumschlag am Ende des Buches Ihre Übungs-CD. Auf dieser befinden sich die nummerierten Übungen für Ihr individuelles Training.

6.2 Die Form des Sprechens

Es gibt viele gute Gründe, Ihre Inhalte mit der Form des Sprechens auf das nächste Niveau zu heben. In Kapitel 2 *Die Inhalte des Sprechens – ohne Botschaft geht es nicht* haben wir Inhalte und Dramaturgie bearbeitet. Inhalte und Dramaturgie sind wesentliche Elemente Ihres Auftritts. Die Sprechtechnik ist das weiterführende Element.

Das Leistungsspektrum von Sprechtechnik

Was leistet und verbessert Sprechtechnik? Mit der Sprechtechnik geben Sie Ihren Inhalten und Ihren dramaturgischen Ideen eine besondere Form. Sprechtechnik unterstützt Ihren Redebeitrag auf vielen Ebenen:

- Ihre Inhalte bringen Sie in die beste sprechtechnische Ausdrucksform.
- Sie gestalten das Ablesen und die freie Rede professionell.
- Sie schalten mühelos von Umgangssprache auf Hochsprache um.
- Durch Sprechtechniktraining bewahren Sie beim Auftritt Ruhe und Konzentration.
- Sie vermitteln Ihre eigene sprachliche Visitenkarte.
- Ihre Dialogpartner binden Sie durch Variationen von Tempo und Lautstärke ein.
- Sie setzen gekonnt ein: Gesprächsdauer, Impulse, Lautstärke, Geschwindigkeit, Pausen, Spannung halten, Stille als Dialogpartnerin der Wörter, Atmosphäre durch die Bilder der Wörter.

- Durch die Auseinandersetzungen mit Artikulationsbeispielen erweitern Sie Ihren Wortschatz.

6.3 Die Grundlagen der Sprechtechnik

Die sprechtechnischen Grundlagen befassen sich mit dem Basiswissen der Aussprache. Dieses Wissen ist der erste Zugang zu den Artikulationsübungen. Wir befassen uns mit diesen prägnant und unter Aussparung der logopädischen Komponenten sowie der Lautschrift. Die Zeichen der internationalen Lautschrift sind eine Übereinkunft wie das Alphabet. Mit der Lautschrift können Sie noch tiefer in die Materie der Sprecherziehung vordringen.

Die Hochsprache als Standardaussprache beherrschen

Die Hochsprache wird in Gesprächen bei offiziellen Anlässen und vor großem Auditorium eingesetzt. Sie darf nie gezwungen oder schwerfällig klingen. Ziel ist ein überregionaler Stil, der die Persönlichkeit des Sprechers souverän und kompetent zeigt.

Die gemäßigte Hochsprache ist lockerer, ohne in den Dialekt abzurutschen. Dialekt und Mundart haben eine stark gefühlsorientierte Komponente und grenzen alle aus, die diese intime Sprache nicht sprechen. Sie ist für Außenstehende fast nicht zu verstehen und somit als Kommunikationsmittel bei überregionalen Veranstaltungen nicht geeignet.

Vordersitz und Lautbildung

Wir empfehlen ausnahmslos den Vordersitz im Mund zu bedienen. Vordersitz bedeutet, dass sich der vordere Zungenrücken dem harten Gaumen hinter den oberen Schneidezähnen nähert. Der hintere Zungenrücken darf sich nicht dem weichen Gaumen in der Mandelgegend annähern. Im letzteren Fall würden die Laute dumpf und unverständlich klingen. Der Anschlagspunkt für Vokale, Umlaute und Diphthonge ist im harten Gaumen zu finden.

Beginnend mit dem Buchstaben A auf Seite 140 geben wir für Sie bei jedem einzelnen Buchstaben die Grundlagen zur Lautbildung an. Die Mund- und Lippenstellung, die Position der Zunge, sowie die Position der Zähne sind wichtig. Durch den richtigen Einsatz bilden wir die Laute korrekt.

Namen, Zahlen und Fachbegriffe

Namen, Zahlen und Fachbegriffe verlangen nach einer langsamen und exakten Aussprache. Sie sind in reiner Hochlautung zu sprechen. Das R und das B werden bewusst eingesetzt.

Werner, Arbeit, schwarz, vierzig, Viertel, Übungsthema, Formgebung, Wörter 1

Fokus auf die Stammsilbe

Wir fokussieren immer die Stammsilbe. Also jene Silbe, die dem Wort die Grundbedeutung gibt. Die vorgelagerte Silbe am Wortbeginn, also die Vorsilbe, dient als Impuls und somit als Auftakt. Die Endungen sind schwach und unbetont. Ausnahmen bilden nur Übertreibungen aus Ausdrucksgründen wie Betulichkeit, Aggression und Schwerhörigkeit.

bemerken, zerreden, verborgen, vereinen, erübrigen, beobachten, Verfahren, erzählen 2

Schriftbild und Sprechbild

Schriftbild und Sprechbild sind nicht automatisch identisch. Es ist übertrieben und gekünstelt, wenn wir überdeutlich sprechen, um dem Schriftbild gerecht zu werden. Über Gebühr zu prononcieren ist nur richtig, wenn dies als Ausdrucksmittel verwendet wird.

Dass Schriftbild und Sprechbild nicht automatisch identisch sind, zeigen diese Beispiele:

3 *vorgehen*	(R, H und das Endungs-E nicht sprechen)
beobachten	(Endungs-E nicht sprechen)
erinnern	(beide R nicht sprechen)
Peter	(R nicht sprechen)
erwidern	(beide R nicht sprechen)
Wolken	(Endungs-E nicht sprechen)

Satzzeichen

Die Satzzeichen empfehlen wir weitgehend unbeachtet zu lassen. Wer die Satzzeichen sklavisch befolgt, erzeugt kaum Spannung. Satzzeichen sind für die Grammatik wichtig, nicht für den Ausdruck. Als Redner erzeugen Sie vielmehr durch gut gesetzte Zäsuren und Pausen, Interesse und Spannung.

Lässt man einen Satz offen, erwartet der Zuhörer eine Fortsetzung des Gedankens. Wird der Satz auf Punkt gesprochen, ist der Gedanke abgeschlossen und offensichtlich das Ende erreicht.

Wer immer gleiche Satzmelodien beibehält, erzeugt Monotonie. Diese macht es dem Dialogpartner schwer, aufmerksam zu bleiben. Ein variantenreicher Einsatz ohne störenden Singsang erzeugt Lebendigkeit und Vielfalt.

Bedenken Sie auch, dass Fragezeichen manchmal Feststellungen sein können und dann auf Punkt gesprochen werden.

Die Macht der Varianten

Die Varianten aus laut – leise, schnell – langsam, hoch – tief, legato – staccato geben jedem Text die differenzierte Form, die er braucht, um beachtet zu werden. Die bewusst eingesetzte Stille von vier bis acht Sekunden verwenden wir zum Betrachten von Bildern und Gegenständen. Die Stille verwenden wir auch, um einem Gedanken nachzuspüren oder eine Idee gedanklich auszuformulieren.

Wichtiges locker vortragen

Wichtiges empfehlen wir nonchalant vorzutragen. Wichtiges wird immer leiser und langsamer gesprochen. Unwichtiges dagegen lauter und schneller. Wer gut artikuliert, kann sich erlauben, leise zu sprechen.

Der einfachste Ton sichert den stärksten Ausdruck

Womit erzielen Sie die stärkste Wirkung?

Stellen Sie sich vor, Sie waren im Theater oder Konzert und teilen nun anderen mit, wie die Aufführung auf Sie gewirkt hat. Wir stellen Ihnen dazu aber nur vier Wörter zur Verfügung.

Sprechen Sie den Satz: »Ich fand es wunderschön.«

In der ersten Version sprechen Sie laut und gestikulierend. Ihren Gesprächspartnern muss unbedingt klar werden, wie beeindruckt Sie sind. Sprechen Sie kraftvoll und überzeugend.

Doch diese Art zu Sprechen drückt vergleichsweise nichts im Vergleich mit der zweiten Möglichkeit aus.

In der zweiten Version variieren Sie den Ausdruck. Sie bleiben leise und pur, weil Sie noch so beeindruckt sind. Damit lösen Sie wesentlich mehr Emotion und Wirkung bei den Menschen aus.

Jemand, der laut und gestikulierend schreit, hat niemals eine Glaubwürdigkeitschance gegenüber einem leise, fast gehauchten, weil noch beeindruckten »Ich fand es wunderschön.«

Wörter wörtlich nehmen

Welches Bild löst ein Wort in meiner Gedankenwelt aus? Gut zu sprechen bedeutet, das passende Wort zu verwenden und die Situation klar zu benennen. Wer gut sprechen kann, kann Wortbedeutungen gut trennen. Das macht das Zuhören für das Publikum oder die Gesprächspartner interessant. Es gibt Unterschiede zwischen: schön – hübsch, kalt – frostig, warm – lau, hoffnungslos – enttäuscht, abgestimmt – stilvoll.

Artikulation braucht oft Akzente

Manche Wörter brauchen Biss und Kontur. Dies gewährleisten die Konsonanten. Damit werden präzise Akzente gesetzt und die Deutlichkeit erhöht.

4 *aber, Marke, Ober, Liebe, zurück, Werk, Fahrrad, warten*

Kraft und Lautstärke, Volumen und Timbre

Die Vokale, Umlaute und Diphthonge geben jedem Wort Kraft und Lautstärke, Volumen und Timbre. Der richtige Einsatz dieser Eigenschaften erleichtert es Ihnen und dem Publikum, konzentriert zu bleiben.

6.4 Kurze und lange Aussprache

Die Aussprache hängt auch von der Lippenstellung ab. Wir können kurze, offene und lange, geschlossene Vokale und Umlaute deutlich nach dem Grad der Mundöffnung unterscheiden.

Damit Sie diese Fachbegriffe nicht irritieren, präzisieren wir:
Offen bedeutet, eine eher weite Mundöffnung.
Geschlossen bedeutet, den Mund nur leicht geöffnet zu haben.

Kurze und offene Vokale und Umlaute

Offene Mundstellung bedeutet meist eine kurze Aussprache. Beispielsweise vor doppelten Konsonanten.

5 *Tanne, Sonne, Mitte, hätte, herrlich, Tonne, müssen, Schloss*

Folgt einem kurzen Vokal oder Umlaut ein R muss dieses in reiner Hochlautung gesprochen werden.

hart, Erbe, Werk, Wort, lernen, merken, Wärme, herrlich 6

Lange und geschlossene Vokale und Umlaute
Eher geschlossene Mundstellung bedeutet eine lange Aussprache. Als Beispiel dienen doppelte Vokale oder jene Fälle, wenn einem Vokal ein H folgt.

Saal, See, sehr, Nähe, Reh, Ehe, Schuh, mehr 7

Ein nachfolgendes R sprechen wir in diesem Fall nicht, sondern ersetzen es durch ein abgeschwächtes A. Dies gilt generell nach allen langen Vokalen und Umlauten.

Erde, werden, Tier, für, Pferde, Herde, nur, vier 8

Die Diphthonge
Die Diphthonge (EI, AI, AY, EY, ÄU, EU und AU) sprechen wir immer kurz. Dadurch setzen wir stringente Akzente.

6.5 Die Aussprache der Vokale

Die Vokale A, E, I, O, und U müssen wir gut nutzen, um die bestmögliche Klangentfaltung zu erzielen. Der richtige Vokaleinsatz ist für die angenehme und lockere Tongebung verantwortlich. Das bedeutet, den Ton im Mundraum bilden und sofort in den Brustkasten zum Mageneingang hin denken und damit zum Klingen zu bringen. Verkrampfungen, insbesondere im Kiefer, sollen wir dabei vermeiden.

Vokal A
Lautbildung: Den Mund nicht zu weit öffnen. Die Zunge nimmt im Mundraum eine flache Stellung ein. In unserer Aussprache ist das A generell im harten Gaumen zu bilden. Dadurch entsteht seine helle Klangfarbe.

Das A in der reinen Hochlautung: In reiner Hochlautung sprechen wir nach jedem A das R. Nur dadurch wirkt der Text akzentuiert und verständlich.

9 *zart, Farbe, warten, scharf, Garten, Karte, klar, Jahr*

Das A in der gemäßigten Hochlautung: Das abgeschwächte A wird an Stelle eines R verwendet. Dieses A klingt nur angedeutet. Wir wenden es in der gemäßigten Hochlautung und nach langen Vokalen und Umlauten an.

10 *leer, für, Tor, mir, Kater, Uhr, Keller, Rinder*

11 Kurze, offene A: *das, dass, hart, Schatten, Stadt, was, Wasser, Wand*

12 Lange, geschlossene A: *aber, Bahn, Spaß, wahrhaftig, Staat, Waage, Maß, aktiv*

Vokal E (auch Ä)
Lautbildung: Beim kurzen, offenen E geht die Kieferstellung nach unten. Beim langen, geschlossenen E setzen wir eine waagerechte und leicht geöffnete Lippenstellung wie beim Lächeln ein.
Der Unterschied zwischen kurzer und langer Aussprache ist beim Vokal E stark hörbar. Es ist wichtig, das richtige E einzusetzen.

Kurze, offene E klingen wie Ä: Ein nachfolgendes R wird in reiner Hochlautung gesprochen.

13 *Geld, hell, Herbst, Kern, lernen, schnell, Welt, merken*

Bei langen, geschlossenen E wird nachfolgendes R nicht gesprochen. Dieses E müssen wir sehr hell anklingen lassen. Nicht zu schnell auf das abgeschwächte A gehen, welches das R ersetzt.

Meer, Kaffee, Krebs, Rede, Meter, sehr, Tee, Schnee 14

In wenigen Ausnahmefällen wird nach einem langen E das R gesprochen: Ehre, Beere, Lehrer, Kehre

Vokal I

Lautbildung: Die Mundöffnung ist gering. Der vordere Zungenteil wölbt sich zum vorderen harten Gaumen. Dadurch wird der schlanke Charakter des I gewährleistet. Immer wenn ein L, M oder N folgt darf das I den Vordersitz nicht verlassen. Es darf nie dumpf zum weichen Gaumen rutschen. Das I muss tiefer gedacht und gesprochen werden.

Vordersitz I: *Winter, schwimmen, Christine, Linz, Himmel, Milde, wild, Rinde* 15

Achtung: IE bedeutet nicht automatisch lange Aussprache. I bedeutet nicht automatisch kurze Aussprache.

Kurze, offene I: *hin, Licht, bis, Mitte, Kind, Innovation, wichtig, Kinn* 16

Ein nachfolgendes R wird in reiner Hochlautung nach einem kurzen I immer gesprochen: irgend, Irland, Irrtum, vierzig

Lange, geschlossene I: *Frieden, Politik, Stil, Ironie, Italien, Liebe, Notiz,* 17
Musik

Vokal O

Lautbildung: Die Lippen sind gerundet. Der hintere Zungenrücken wölbt sich zum hinteren harten Gaumen. Der Unterschied zwischen kurzer und langer Aussprache ist beim Vokal O deutlich hörbar. Es ist wichtig, das richtige O einzusetzen.

Kurze, offene O: In reiner Hochlautung sprechen wir auch in diesem Fall das nachfolgende R.

18 *morgen, kostbar, Hoffnung, ob, Torte, Osten, Geschoss, Ordnung*

Lange, geschlossene O: Hier sprechen wir das nachfolgende R nicht.

19 *Oper, Mond, original, Mode, Tor, vor, Ozean, oval*

20 Das R wird aber gesprochen bei: *orientieren, oral, Pore, Oregano, Rohre, Lore, verloren, geboren*

Vokal U

Lautbildung: Spitze Lippen und Kussmund charakterisieren die Bildung des U. Wenn ein L, M, oder N folgt muss das U schlank mit Vordersitz gesprochen werden. Das U darf nie dumpf klingen.

21 Vordersitz U: *ultimativ, Kunst, Hummel, rund, Kunde, Hund, Mund, Unikat*

Kurze, offene U: Nachfolgende R nach kurzen U immer sprechen.

22 *Sturm, Bruch, Fluss, Geruch, Kurs, Luxus, Spruch, Stunde*

Lange, geschlossene U: Nachfolgendes R durch ein abgeschwächtes A ersetzen.

23 *Bruder, Buch, Geburt, Mut, nun, Ruhe, Schuhe, Zug*

6.6 Die Aussprache der Umlaute

Die Umlaute Ä, Ö und Ü dienen, wie die Vokale, als Lautstärken-, Timbre- und Volumentransporteure. Es gelten hier dieselben Richtlinien bezüglich der R-Sprechung wie nach E, I, O und U.

Umlaut Ä

Lautbildung: analog zum offenen E.

Kurze, offene Ä klingen wie offene E: *ändern, Dächer, Blätter, lärmen,* 24
Gäste, Hände, Wälder, wärmen

Lange, geschlossene Ä werden dunkler als die geschlossenen E gespro- 25
chen: *Pläne, mädchenhaft, rätseln, Räder, Städte, Käse, Zähne, zärtlich*

Umlaut Ö

Lautbildung: Das Ö ist ein voller, kräftiger Umlaut, der sonor und somit volltönend im ganzen Mundraum klingt.

Kurze, offene Ö: *öffentlich, Börse, örtlich, Hölle, können, Körper,* 26
wöchentlich, Förderung

Lange, geschlossene Ö: *ökologisch, fröhlich, Größe, möglich, höchst, König,* 27
Lösung, schön

Umlaut Ü

Lautbildung: Die Mundöffnung ist gering. Der vordere Zungenrücken bewegt sich zum vorderen harten Gaumen. Beim Artikulieren des Ü wird dieses immer tiefer gedacht.

Kurze, offene Ü: *üppig, Gerücht, Gerüche, Bürger, günstig, kürzlich,* 28
wünschen, Stücke

29 Lange, geschlossene Ü: *südlich, Flüge, Brüder, Bühne, müde, blühen, Prüfung, Güte*

6.7 Die Aussprache der Diphthonge

Wir verschmelzen die Diphthonge EI, AI, AY, EY, ÄU, EU und AU jeweils zu einer Klangeinheit. Diphthonge werden nie getrennt betont. Sie müssen stets kurz ausgesprochen werden. Es ist wichtig auf den richtigen Rhythmus zu achten.

Diphthong EI, AI, AY, EY
Lautbildung: Wir sprechen AE. Mit A beginnen und nicht übertreiben. Ansonsten entsteht ein pathetischer Eindruck. Beginnt man mit E, wird der Laut zu flach und klingt nach Dialekt.

30 *eigenartig, Mayr, Meyer, Freiheit, Geheimnis, Mai, weitreichend, Weisheit*

Diphthong EU, ÄU
Lautbildung: Wir sprechen EÖ. Die Bildung ist durch einen kontinuierlichen Übergang vom E zum Ö gekennzeichnet.

31 *Neutralität, freundlich, Bäume, Feuer, Gebäude, heutig, teuer, Träume*

Diphthong AU
Lautbildung: Wir sprechen AO. Wir geben dem O einen klaren und stilvollen Ausdruck. Ansonsten ist eine unschöne Dialektfärbung gegeben.

32 *Augen, bauen, blau, brauchen, Vertrauen, Glaube, grau, kaufen*

6.8 Die Aussprache der Konsonanten

Die Konsonanten B, C, D, F, G, H, J, K, L, M, N, P, Q, R, S, T, V, W, X, Y und Z geben dem Wort Akzent, Biss und Kontur. Sie dienen, wie die Vokale und Diphthonge, der Präzisierung der Aussprache und sind Rhythmusgeber.

Konsonant B

Lautbildung: Das B ist ein schwacher Lippenverschlusslaut. Die Lippen liegen so stark aufeinander, dass kein W-Laut entstehen kann.

Im Anlaut und damit am Wortbeginn wird das B weich artikuliert. Es lenkt den Fokus auf den Vokal, Umlaut oder Diphthong danach: bald, Bücher, Bambus.

Im Inlaut, also im Wortinneren, müssen wir das B deutlich artikulieren, es darf nie zu W werden.

aber, trübe, Liebe, Fieber, ober, über, Hausübung, Bleibe 33

Doppelte B, also BB, werden weich gesprochen: Ebbe, Robbe, schrubben

B im Auslaut, somit am Wortende, härter sprechen. Es wird beinahe zu P: bleib, lieb, trüb

Konsonant C (CH und CHS)

Lautbildung: C, CH und CHS haben ihren Ursprung in der Enge zwischen dem Vordergaumen und dem vorderen Zungenrücken. Die ausströmende Luft verursacht ein Reibegeräusch.

Der Ich-Laut ist der Fachbegriff für das CH, welches nach hellen Vokalen und Diphthongen gesprochen wird. Dabei wird der Kehlkopf entlastet. Der Ich-Laut sitzt vorne im harten Gaumen.

34 *ich, Teich, Sprüche, sechzehn, Eiche, weich, Lerche, Messbecher*

Im Anlaut sind CH oder K möglich: Chemie, Chirurg, China.

Der Ach-Laut ist der Fachbegriff für das CH, welches nach dunklen Vokalen gesprochen wird. Der Ach-Laut sitzt hinten im weichen Gaumen. Man denkt diesen Laut etwas höher ohne stimmlich zu drücken.

35 *Bach, verbrauchen, Buch, noch, Rauch, Woche, Tuch, auch*

CHS wird als KS gesprochen.

36 *sechs, wachsen, Weichsel, Erwachsener, wuchs, Wachskerze, wechseln, Gewächshaus*

Ausnahmen, da als CHS gesprochen, sind: höchst, nächst, suchst, buchst

Konsonant D
Lautbildung: Beim Zahnverschlusslaut D berührt die Zunge den Zahnfleischrand des Oberkiefers schwach.

Im Anlaut wird das D weich artikuliert. Es lenkt den Fokus auf den Vokal, Umlaut oder Diphthong danach: Damen, danke, Datei

D im Inlaut deutlich artikulieren.

37 *hundemüde, Lieder, Gelder, Weide, Kader, Wälder, Felder, wieder*

Das Doppel-D wird weich gesprochen: Buddha, Edda, Widder

D im Auslaut wird härter gesprochen, beinahe als T: Feld, Lied, Rad, Wald

Konsonant F (V)

Lautbildung: Der Innenrand der Unterlippe berührt die oberen Schneidezähne. Der Luftstrom in dieser Enge bildet den Laut. Bei F und V besteht in deutschen Wörtern kein Unterschied in der Aussprache. Beide Laute müssen zischen, sie werden nicht abgeschwächt oder matt gesprochen.

Im Anlaut und Inlaut ist das F einfach zu artikulieren. Aus diesem Grund verzichten wir auf ein Hörbeispiel.
Im Auslaut bilden sie eine starke Kontur: auf, lauf, brav, kauf
PH ist in Fremdwörtern als F zu sprechen: Physik, Philosoph, Symphonie, Aphorismen
In der Lautgruppe PF wird der Reibelaut F stark artikuliert: Pfanne, Pfeffer, Pfeil, Pflanze, Pferd.

Konsonant G

Lautbildung: Der hintere Teil des Zungenrückens bildet einen weichen Verschluss mit dem Gaumen.

Im Anlaut wird das G weich artikuliert. Es lenkt den Fokus auf den Vokal, Umlaut oder Diphthong danach: Gebirge, Geld, Gedanken, Geschäft.

G im Inlaut deutlich artikulieren.

Erfolge, Siege, Tage, Säge, Züge, Kriege, Berge, Flüge 38

GG wird weich gesprochen: Dogge, Egge, Flagge
G im Auslaut wird härter gesprochen, es wird beinahe zu K: Berg, Krieg, Flug, Sieg, Sog, trug, Erfolg.
NG wird als einheitlicher Laut gesprochen. Weder N noch G sind isoliert zu hören. Es ist ein Laut mit Schwingung im gesamten Mundraum. Dadurch wird die Artikulation geschmeidiger und natürlicher.

Den NG-Laut treffen wir auch noch bei der Aussprache des N an.

39 *Bedingung, Enge, Teilung, jung, lang, Menge, Einengung, Klang*

Konsonant H

Lautbildung: Die ausströmende Luft erzeugt im Kehlkopf ein schwaches Hauchgeräusch. Der Reibelaut H ist meist stimmlos.

Das H ist fast ausschließlich im Anlaut zu sprechen: Haus, Herz, höflich, Hund.
Doch in wenigen Wörtern wird im Inneren H gesprochen: Ahorn, Alkohol, Uhu.
Man muss Vokale, Umlaute und Diphthonge nach jedem H gut setzen, damit sie nicht wegrutschen: Hilfe, hübsch, Hütte.
In allen anderen Fällen ist das H stumm.

Vokale und Umlaute vor H sind lang.

40 *Drohung, gehen, Höhe, Nähe, Ruhe, Mühe, Reihe, sehen*

Konsonant J

Lautbildung: Das J wird zwischen dem Vordergaumen und dem vorderen Zungenrücken gebildet und ist eher schwach ausgeprägt.

Französische, portugiesische und spanische Wörter, die im Inlaut LL aufweisen, sprechen wir im Deutschen als LJ oder J aus.

41 *Billard, Billett, brillant, Detail, detailliert, Sevilla, Mallorca, Pavillon*

Konsonant K (CK)

Lautbildung: Der hintere Teil des Zungenrückens bildet einen harten Verschluss mit dem Gaumen.

Im Anlaut wird das K prägnant gesprochen: Kaffee, Kälte, Kino, Klang. Im Auslaut werden K und CK ebenfalls hart gesprochen. Außerdem, wenn auf ein CK ein Vokal folgt (meist ein E).

Glück, Schmuck, Stück, zurück, Mücke, Hecke, Brücke, Jacke 42

Folgt auf ein CK die Endung EN oder EL wird es abgeschwächt: backen, Brücken, Deckel, wackeln
K spricht man auch bei einem auslautendem G: Burg, Steg, Weg, Krieg.
In der Lautgruppe KS spricht man ebenfalls K: Fuchs, Erwachsene, sechs.

Konsonant L
Lautbildung: Es wird durch die an den oberen Schneidezähnen zart anliegende Zungenspitze gebildet. Die ausströmende Luft gleitet seitlich an den Zungenrändern vorbei.

Im Anlaut wird das L als Impuls gesprochen. Der Impuls ist dabei als Schub zu verstehen.

lachen, läuten, Lokomotive, loyal, Laudatio, Legende, Leiter, Logik 43

Es gilt im Inlaut präzise zu artikulieren und den Vordersitz beachten, besonders bei den Endungen -LEIN und -LICH: Lichtlein, ewiglich, königlich.

Im Auslaut muss der Kontureffekt beachtet werden, welcher dem Wort den richtigen Abschluss gibt. Das L muss man hören, es darf nicht übergangen werden: Handel, Kerl, Wandel, Wurzel.

Konsonant M
Lautbildung: Die geschlossen Lippen bilden den Lippennasenlaut M. Wir setzen bewusst die nasale Resonanz des M ein.

Im Anlaut bereitet das M durch seinen satten Klang dem nächsten Vokal, Umlaut oder Diphthong eine gute Basis für den Toneinsatz.

44 *Meldung, montags, Mutter, momentan, Material, Menge, Mission, Museum*

Bei M im Inlaut soll die volle Resonanz ausgeschöpft werden: Mama, lärmen, träumen, Zement.
Bei MM wird noch mehr Klang erreicht: Himmel, kämmen, kommen, Zimmer.
M im Auslaut wird bewusst als Klangkontur und betonten Wortabschluss eingesetzt: Sturm, Turm, vom, zum.

Konsonant N
Lautbildung: Bei der Bildung des N legt sich die Zungenspitze gegen die Hinterwand der oberen Schneidezähne. Das N ist ein Zahnnasenlaut. Wir setzen bewusst die nasale Resonanz des N ein.

Das N muss zum nächsten Vokal, Umlaut oder Diphthong überleiten.
Im Anlaut: Nahrung, neu, nie, nun.

N im Inlaut besonders sorgfältig einsetzen.

45 *fünf, sanft, Kunde, Senf, Vernunft, zukünftig, Runde, Herkunft*

Bei NN wird noch mehr Klang erreicht: benennen, Tanne, kennen, Wanne.
Im Auslaut bildet das N eine Klangkontur und schließt das Wort ab: Plan, klein, sein, Zaun.
Beim NG-Laut dürfen wir, wie bereits beim Buchstaben G näher erklärt, weder N noch G sprechen. Folgt aber einem NG ein dunkler, voller Vokal, also A, O oder U, spricht man NG + G: Flamingo, Inga, Mango, Tango.
Ausnahme sind nur Wörter mit der Endung UNG. Hier spricht man nur NG und nicht NG + G: Bedingung, Einengung, Sprengung.

Der NK-Laut wird NG + K ausgesprochen. Hier sollen weder N noch G isoliert zu hören sein: Anker, Dank, links, tanken.

Konsonant P

Lautbildung: Das P ist ein starker Lippenverschlusslaut. Nach dem P denken wir ein H.

Im Anlaut wird das P hart und kräftig gesprochen und sofort auf den nächstliegenden Vokal, Umlaut oder Diphthong übergeleitet: Paare, Pilot, Pokale.
P im Inlaut kräftig einsetzen: Neptun, Skepsis, Oper, Tulpe.
Doppel-P noch bewusster einsetzen: Appell, Mappe, Krippe, Treppe.
Folgt die Endung EN, wird das PP abgeschwächt: Mappen, schleppen, Treppen.
Im Auslaut bildet das P eine exakte Kontur: Flop, knapp, Stopp.
Wenn auf ein PP ein E folgt, wird es stark betont: Rippe, Klippe, Lippe.
Aber weich, wenn EN folgt: Rippen, Klippen, Lippen.

Konsonant Q (QU)

Lautbildung: Q wird als KW gesprochen.

Quantität, Quelle, Quittung, Quadrat, Quintessenz, qualifizieren, queren, Quote 46

Der Buchstabe Q ist mit einer Häufigkeit von 0,02 Prozent der seltenste Buchstabe in deutschen Texten.

Konsonant R

Lautbildung: Das R wird entweder als Rachen-R (guttural = Reibe und Zäpfchenlaut) oder Zungenspitzen-R (lingual = Zahnlaut) gesprochen. Das gutturale R ist die häufigste Aussprache und drängt sich nicht so in den Vordergrund wie das linguale R. Das angeborene R klingt natürlicher und sollte nicht umgelernt werden. Ausnahmen sind nur spezielle Dialekte oder das Musiktheater, bei denen das linguale R gebraucht wird.

Das R in der reinen Hochlautung: Wichtig ist der Einsatz des Konsonanten R, der in reiner Hochlautung nach jedem A, jedem kurzen Vokal und kurzen Umlaut gesprochen werden soll. R wird in diesen Fällen tatsächlich als R gesprochen.

Das R in der gemäßigten Hochlautung: Hier werden die R nicht als R ausgesprochen, sondern durch ein abgeschwächtes A ersetzt. Diese Form wird besonders in Interviews und Talk-Runden verwendet.

Besonders wichtig ist der Einsatz des R im Inlaut.

47 *erben, fördern, zornig, lernen, Ferne, Berg, Wirkung, Rekord*

Konsonant S

Lautbildung: Der Zahnreibelaut S ist stimmhaft oder stimmlos einzusetzen.

Das stimmhafte S wird gebildet, indem sich der vordere Zungenrücken zu den oberen Schneidezähnen aufwölbt.
Beim stimmlosen S schwebt die Zungenspitze frei hinter den oberen Schneidezähnen.

Das stimmhafte S verwenden wir, wenn ein Vokal, Umlaut oder Diphthong folgt. Die weiche Artikulation verhindert eine zu hart zischende Aussprache.

48 *Sonne, Süden, sauber, Seide, Gesicht, besonders, Resonanz, Fantasie*

Das stimmlose S zischt und wird in fünf Fällen gesprochen.

49 1. Endungs-S: *Maus, Haus*

2. Doppel-S: *Messer, Essen*
3. Scharfes S: *Füße, Grüße*
4. S vor Konsonanten: *Szene, Lust*
5. S als Ersatz für Z, das als TS gesprochen wird: *Holz, Zauber*

Konsonant SCH
Lautbildung: Die Zunge liegt nach oben gewölbt im Mundraum, die Zungenspitze nähert sich den oberen Schneidezähnen. Die ausströmende Luft erzeugt in dieser Enge ein Reibegeräusch. Das SCH muss in deutscher Aussprache zischen. Es wirkt als Lautgruppe kräftig und breit.

Schiff, rhetorisch, schade, schief, Schüler, Schlüssel, Scheu, scherzen 50

Konsonanten SP und ST
Lautbildung: SP und ST werden entweder als SP und ST oder SCHP und SCHT ausgesprochen. Beide Ausspracheformen sind richtig. Die Formen mit SP und ST klingen aber deutlich mehr nach Hochsprache, da sie elegant und sachlich anmuten.

Standard, Struktur, Respekt, spontan, spektakulär, Spektrum, stabil, 51
Statistik

Mit ST sprechen wir: staccato, stimulieren.

Konsonant T
Lautbildung: Beim Zahnverschlusslaut T berührt die Zunge den Zahnfleischrand des Oberkiefers stark.

Das T wird im Auslaut hart gesprochen: hat, Hut, seit.
Das Doppel-T wird im Auslaut hart gesprochen: matt, satt, platt.
Wenn ein Endungs-E folgt, wird das TT ebenfalls hart ausgesprochen: hatte, Matte, Debatte.

TT wird aber weich ausgesprochen, wenn EN folgt: hatten, Matten, Debatten.

Konsonant V
Lautbildung: Aussprache wie unter F beschrieben.
Das Endungs-V zischt: Motiv, brav, Stativ.
Folgt dem V ein Vokal ist die Aussprache W.

52 *Violine, Motivation, November, Motive, Revolution, Perspektive, Vegetation, Aktivierung*

V bleibt aber in folgenden Wörtern V: Vater, Vetter, Vers, Nerven.

Konsonant W
Lautbildung: Das W ist ein sanfter Reibelaut. Die oberen Schneidezähne berühren sanft die Unterlippe.

53 *Wahrheit, Welle, wetten, Weite, wenig, Wege, wundern, Wertigkeit*

Konsonant X
Lautbildung: Das X wird als KS gesprochen.

Die Artikulation der Buchstaben K und S wurde bereits erklärt.

Konsonant Y
Lautbildung: Das Ypsilon wird grundsätzlich als Ü gesprochen.

Die wenigen Ausnahmen, die als I gesprochen werden, sind unter anderem: Evelyn, Sylvia, Sibylle, zylindrisch.
Im Anlaut wird das Y oft als J gesprochen: Yacht, Yoga.
Im Inlaut wird das Y zu J: loyal, Loyalität.

Konsonant Z
Lautbildung: Das Z wird als TS artikuliert. Die Lautbildungen dazu finden sich unter T und S. Wir beachten dabei das stimmlose S mit seinem Zischeffekt.

Zahl, zeitig, Zauber, Ziel, Züge, zwischen, ziemlich, Zentrum 54

Konsonantenbindungen
Die Anbindung der Konsonanten wurde deshalb eingeführt, damit die Geläufigkeit und Geschmeidigkeit der Wörter gewährleistet ist. Zu viele eckige Stakkato-Stellen irritieren. Konsonanten werden im Auslaut des einen und Anlaut des nächsten Wortes oder der nächsten Silbe gebunden. Betont wird die anlautende Silbe. Die Konsonantenbindungen wenden wir auch innerhalb eines Wortes an.

Folgende Konsonanten werden gebunden: BB, BP, PB, DD, DT, TD, FF, FV, VF, VV, GG, GK, KG, KK, LL, MM, NN und SS.

ob bald, und dir, ab Berlin, Rad drehen, auf Fläche, lauf fort, Berg gehen, und dann, Erfolg gehabt, flieg gut, blank geputzt, schlank geworden, und doch, kann nie, Kabel legen, voll Liebe, ab Paris, viel Luxus, das sagen, komm manchmal, Abbild, Laubbaum, Sofortdienst, Entdeckung 55

6.9 Vorsilben sind Impulsgeber

Die vierundzwanzig Vorsilben lauten AB, AN, ANTI, BE, BEI, DA, ER, ENT, GE, HER, HIN, IN, INTER, OBER, PRO UN, UNTER, UM, UR, ÜBER, VER, VOR, ZER und ZU. Sie geben dem Wort Impuls und Prägnanz. Viele Vorsilben sind kurz und offen.

Die Vorsilben AN und UN sind kurz auszusprechen. Dabei gehen wir gleich auf das N los.

AN

56 *ankommen, angeblich, angenehm, Angabe, anhand, anlässlich, anstelle, anvisieren*

UN

57 *unbewusst, unbedingt, unendlich, Ungeduld, ungewöhnlich, unnahbar, ungünstig, unbedenklich*

Folgende Vorsilben sprechen wir lang: OBER, PRO, ÜBER, UR, VOR und ZU.

OBER

58 *oberwichtig, oberhalb, Oberitalien, Oberstudienrat, Oberwasser, Oberbürgermeister, oberflächlich, Oberlicht*

PRO

59 *Projekt, produktiv, professionell, protestieren, Prolog, prominent, promovieren, Protokoll*

ÜBER

60 *überleben, überall, Überblick, überhaupt, überlassen, überqueren, Übersetzung, übernehmen*

UR

61 *uralt, Urenkel, urgemütlich, Urlaub, urplötzlich, Ursache, urzeitlich, Urwald*

VOR

62 *Vorort, vorab, Vorbild, voreilig, vorhin, vorläufig, vorsichtig, Vortrag*

ZU

63 *zukünftig, zuerst, zufrieden, Zuhause, Zustand, zusammen, Zubehör, Zuversicht*

Bei ER, HER, UR, ÜBER, UR, VER, VOR, ZER und UNTER wird das R nicht gesprochen, sondern durch ein abgeschwächtes A ersetzt.

6.10 Die Artikulation muss im Fluss sein

Die Artikulation darf nie sperrig sein, sie muss im Fluss sein. Die Buchstaben G und K sperren den Hals ab. Die Resonanzwirkung wird dadurch erheblich gemildert.

Deshalb wandeln wir IG, IGT und IGST ab. Dadurch gestalten wir unsere Aussprache weicher und runder.

IG sprechen wir als ICH.

mutig, Honig, König, ruhig, wichtig, gewaltig, Genauigkeit, einzigartig 64

IG bleibt aber mit drei Ausnahmen IG:
Wenn ein Vokal folgt, der alleine steht: einzige, gewaltige, Könige.
Wenn die Ableitungssilbe LICH folgt. königlich, ewiglich, lediglich.
Wenn das I zu einem Diphthong gehört: gezeigt, Zweig, Bahnsteig.
Zudem, wenn wir das Wort Königreich sprechen. Hier spricht man ebenfalls IG.

kurzweilige, lustige, Königin, Könige, wenige, eilige, königlich, Königreich 65

IGT sprechen wir als ICHT.

IGST artikulieren wir als ICHST.

beleidigt, gesättigt, gewaltigst, beschleunigt, beendigt, befriedigst, freudigst, beruhigst 66

Exkurs

UG und AG bleiben UG und AG.

67 *Betrug, Flug, genug, Tag, Betrag, Montag, Sonntag, Mittag*

6.11 Die Aussprache der Endungen

Die norddeutsche Umgangssprache darf mit dem Weglassen des E nicht Regelfall für die Aussprache der Endungen EN und END sein. Die Endungen EN und END sprechen wir in den folgenden fünf Fällen:

1. M und EN/END

68 *kommen, kamen, Damen, Namen, schämen, kämmen, eindämmend, träumend*

2. N und EN/END

69 *wohnen, können, Personen, Launen, Tonnen, staunend, Bohnen, sonnend*

3. NG und EN/END

70 *bringen, springend, Stiftungen, singen, klingend, Bedingungen, Verfügungen, Vertiefungen*

4. CH und EN

71 *Mädchen, Tänzchen, Liedchen, Kindchen, Söhnchen, Märchen, Sternchen, Härchen*

Das EN sprechen wir nur, wenn vor dem CH ein Konsonant steht.

Steht vor dem CH ein Vokal, wird das E in EN nicht gesprochen.

72 *Kuchen, kochen, brauchen, krachen, Drachen, lachen, suchen, buchen*

5. R und EN/END

Das R wird hier nur in reiner Hochlautung gesprochen: geboren, hören, verloren, Ohren.

In allen anderen Fällen wird das E in der Endung EN nicht gesprochen. Ausnahmen sind nur Ausdrucksgründe, die Übertreibungen verlangen. Schwerhörigkeit, Aggression und Betulichkeit sind solche Fälle.

6.12 Mehr Geschmeidigkeit in unserer Sprache

Deutsch klingt oft zu eckig und hart. Damit das nicht so bleibt, wird der deutschen Sprache in fünf Fällen die Härte entzogen. Das Ziel ist es, mehr Geschmeidigkeit zu erreichen. Diese Fälle wurden im Buch bereits erörtert, müssen der Vollständigkeit halber aber hier eingeordnet werden. Geschmeidigkeit an sich ist kein sprachlicher Fachausdruck, aber eine hilfreiche Bezeichnung für die Praxis.

1. Die Artikulation muss im Fluss sein: IG, IGT und IGST
2. Der NG-Laut
3. Das stimmhafte S
4. Bei den Buchstabenkombinationen TT, PP, CK wenn EN folgt
5. V wird zu W

6.13 Grenzfälle der Aussprache

Vorurteile und Behauptungen wie »Alle reden so« sind weit verbreitet. Nur Ausspracheverweigerer beharren auf ihrer persönlichen und oft eigenartigen Artikulation. Dadurch wird diese aber nicht richtiger.

Manche Artikulationsarten fordern immer wieder Kontroversen und ironische Bemerkungen heraus. Dies geschieht vorwiegend in zwei Fällen:

Bei einigen Wörtern sind zwei Betonungen zulässig, die beispielsweise den Fokus auf einzelne Silben legen.

73 *Notwendigkeit, notwendig, Motor, Interview, Tabak, Zeremonie, Radar, Essay*

Folgende Wörter können lang und kurz gesprochen werden.

74 *Ad hoc, Erz, jenseits, Liter, Vorteil, Geste, Ärzte, ärztlich*

6.14 Treffsicher sprechen

Nervosität, Lampenfieber und Stress wollen wir vermeiden. Diese Barrieren sind häufig die Ursachen für eine wenig überzeugende Sprechweise. Eine enge und ängstliche Stimme sowie eine schnelle und eintönige Sprechweise sind dann das Ergebnis.

Ein guter Redner spricht ein gutes Deutsch. Für einen eindrucksvollen Redner ist es klar, dass er seine Artikulation besser, klangvoller und letztlich schöner gestalten will. Eine treffsichere Sprache mit klarer Ausdrucksweise ist auch die Eintrittskarte für die Medien.

Ein überzeugender Auftritt braucht mehr als nur gute Argumente. Eine angenehme Stimmlage, eine ruhige Stimmführung sowie eine souveräne Aussprache sind entscheidend.

Ihr Publikum hört alles. Sprechen muss Ihnen Freude machen. Nur dann beeindrucken Sie Ihre Zuhörer.

Die Übungen im Kapitel *Perfektionierung des Sprechens – Styling für Redner* sind wesentliche Bausteine für Ihr souveränes Sprechen.

7.

Perfektionierung des Sprechens – Styling für Redner

Wir sind nicht alle gleich.
Man muss nicht alles wissen.
Aber man sollte etwas können.

Wolf Lotter, deutsch-österreichischer Journalist und Autor

Nicht nur das Gesagte, sondern auch die Qualität der Stimme ist ausschlaggebend. Für Ihren Erfolg sind theoretisches Wissen und praktische Anleitungen eine Grundvoraussetzung. Noch wichtiger ist das eigene Training.

Wer noch nicht gut reden kann, kann souveränes Sprechen und faszinierendes Vortragen lernen. Dazu gehört oft mehr als Rhetorikbücher am Nachtkästchen oder am Schreibtisch zu stapeln. Albert Schweitzers Worte mahnen zur Vorsicht: »Wer glaubt, ein Christ zu sein, weil er in die Kirche geht, irrt sich. Man wird ja auch kein Auto, wenn man in einer Garage schläft.«

Was Sie voranbringt, ist Ihr eigener Anspruch. Ihr Ziel könnte sein, noch souveräner und gelassener, sicherer und besser zu werden.

Besser werden

Natürlich gibt es für die Redekunst vorteilhafte Eigenschaften, die manche Menschen reichlicher mitbringen als andere. Dazu zählen Optimismus und positive Ausstrahlung, Extravertiertheit und sprachliche Fertigkeiten. Diese Punkte sollten für die anderen nie als Entschuldigung dienen, nicht zu üben.

Das sprachliche Niveau

Wir erleben heute genug sprachliches Mittelmaß. Die Aussprache und Artikulation werden zu wenig beachtet. Einige Sprecher in Radio und Fernsehen, selbst manche Schauspieler in Filmen sprechen nicht so, wie man das von Ihnen erwarten dürfte. Unser Anspruch ist es, dass Menschen, die vor anderen sprechen, ein gewisses sprachliches Niveau aufweisen.

Fangen Sie dort an, wo andere aufhören

Sie werden niemals nach dem gefragt, was Sie beinahe getan hätten. Sie können sich beim Üben nicht lächerlich machen. Sie können sich nur weiterentwickeln.

7.1 Lockerungsübungen

Eine entspannte Körperhaltung ist eine wesentliche Voraussetzung beim Üben und vor dem Auftritt. Nehmen Sie sich einige Minuten Zeit, um sich zu lockern und schütteln Sie Belastendes und Anspannung ab. Diese Übungen sind die professionelle Vorbereitung für Ihren Auftritt.

So werden Sie ruhig, locker und konzentriert

Verbannen Sie alles aus Ihnen, was nicht zu Ihrem Auftritt gehört. Für diese Übung lassen Sie den Kopf im Sitzen oder Stehen leicht nach unten hängen, ohne dass sich Ihre Nackenmuskulatur anspannt. Schließen Sie die Augen, genießen Sie die Ruhe. Lassen Sie die Gedanken aus Ihrem Kopf heraus, und werden Sie langsam ruhig.

Wie Sie Emotionen durch Ihre Mimik steuern

Senken Sie ganz bewusst Ihre Augenbrauen, schauen Sie sogar ein bisschen gefährlich mit ein wenig zusammengekniffenen Augen. Erleben Sie, wie ihre Atmung dabei von ganz alleine tiefer und ruhiger wird. Formen Sie mit Ihren Lippen tonlose Vokale. Die Nervosität schwindet und Entschlossenheit kehrt ein.

Damit Sie ruhig werden und sich fokussieren

Tief ein- und ausatmen. Dabei denken Sie: Ich bin ganz ruhig.
Tief einatmen (ich), ausatmen (bin), einatmen (ganz), ausatmen (ruhig).
Dadurch werden Sie gelassener und fokussierter.
Das Ziel ist folgende Grundhaltung: Ich bin ganz ruhig und richte meine Energie auf das, was ich sage. Außerdem freue ich mich auf das, was ich zu sagen habe.

7.2 Atemtechnik

Atmung hat viel mit Selbstwahrnehmung zu tun. Sie versorgt uns mit den nötigen Luftmengen beim Sprechen. Atmung kann störende Geräusche verursachen, die wir unbedingt vermeiden müssen. Die Geräusche vermeiden wir, wenn wir mit leicht geöffnetem Mund die Luft langsam einziehen. Die Nasenatmung verursacht eher Geräusche und wird generell von Sängern eingesetzt, da die Musik diese störenden Atemgeräusche übertönt.

Eine gute Atemtechnik hat mehrere Aufgaben: zur Ruhe kommen, die Stimme verbessern und Lockerheit ausstrahlen.

Bei der flachen Brust- oder Rippenatmung ist zu viel sichtbare Bewegung in der Schultergegend. Dabei müssen wir öfter Luft holen und uns mehr anstrengen als bei der Zwerchfelltief- oder Bauchatmung. Diese benötigt den geringsten Kraftaufwand und versorgt den ganzen Körper ausreichend mit Sauerstoff.

Gute Sprecher, Schauspieler oder Moderatoren atmen schnell und lautlos ein. In einer Sprechpause hat die Nasenatmung Vorteile, weil sie die Luft erwärmt, befeuchtet und filtert. Die Luftwege und die Sprechwerkzeuge werden dadurch geschützt und können lange ohne Ermüdung genutzt werden.

Sprecher, die öfter in Atemnot geraten, sollten generell mehr Sprechpausen einsetzen, in denen sie schlucken und wieder tief atmen können.

Viele Menschen könnten zeitaufwendige Seminare zum Thema Sprechen umgehen, wenn sie bereit wären, an ihrer Atmung zu arbeiten. Sollte es nötig sein, Ihre Atemtechnik umzustellen, so können Sie diese durch Training nachhaltig verbessern. Spezielle Atemtrainer und Logopäden sind die Fachleute für diese Thematik.

Ihre Argumente und Ihre Präsentation können noch so gut sein. Ohne eine überzeugende Stimme – und diese basiert auf einer guten Atmung – werden Sie Ihre Inhalte nicht authentisch vermitteln können.

Atemübungen

Die folgenden drei Atemübungen helfen Ihnen, Ihre Atmung bewusster wahrzunehmen und effektiver für das Sprechen zu nutzen:

Ihre Atmung und Wahrnehmung

Sie liegen flach auf dem Rücken. Ihre Arme sind seitlich neben dem Körper, die Handflächen zeigen nach unten. Bei geschlossenen Augen atmen Sie durch die Nase ein und durch den Mund aus. Versuchen Sie nicht, Ihre Atmung zu steuern. Ihr Gehirn übernimmt alles. Im Schlaf vertrauen Sie ebenfalls auf diese unwillkürliche Atemsteuerung. Legen Sie die Hände auf Höhe des Bauchnabels auf. Sie spüren, wie sich der Bauch beim Einatmen hebt und beim Ausatmen senkt. Genießen Sie Ihre Atmung. Ausatmung bedeutet Entspannung.

Ihre Atmung über den Luftstrom steuern

Stellen Sie sich so hin, dass Ihre Füße etwa 15 Zentimeter Abstand und Sie eine gute Bodenhaftung haben. Finden Sie Ihre Mitte und richten Sie den gesamten Körper auf. Ein gestreckter und aufrechter Oberkörper ist wichtig, damit die Bauch- und Brustmuskulatur für die Atmung frei ist. Atmen Sie durch die Nase ein und spüren Sie Ihre Atmung. Machen Sie eine kurze Pause, bevor Sie ausatmen. Atmen Sie durch den Mund aus. Lassen Sie dabei die Luft hörbar auf den Konsonanten »F« herausfließen. Drücken Sie die Luft nicht heraus. Nach der Ausatmung entsteht eine kurze Pause, bevor Sie dann wieder durch die Nase einatmen. Legen Sie die Hände sanft auf Ihren Bauch. Spüren Sie, wie beim Einatmen der Bauch hervortritt und beim Ausatmen einsinkt.

Die Verbesserungen Ihrer Atemkapazität

Schnellsprechübungen auf einem Atemzug basierend:

Bitte entscheiden Sie, was Sie sich zumuten und körperlich leisten können. Dazu atmen Sie ein und sprechen etwa zwei bis drei Zeilen Text ohne Zwischenatmung. Ziehen Sie dabei mit Fortgang der Übung den Bauch stetig weiter ein.

Kombination von Sport- und Atemkapazitätstraining: Laufen Sie beispielsweise eine Treppe oder einen Hügel hoch. Oben angekommen, sprechen Sie einen beliebigen Satz mittlerer Länge und ziehen den Bauch ein und vermeiden das Zwischenatmen.

Wenn Sie diese Übungen öfter machen, steigern Sie Ihre Atemkapazität. Eine gesteigerte Atemkapazität gibt Ihnen auf der Bühne Spielraum und Souveränität.

7.3 Stimme, Stimmsitz, Stimmtraining

Stimmen sind hörbare Stimmungen.

Andreas Tenzer, deutscher Philosoph und Pädagoge

Wir erkennen einen Menschen schon alleine an der Stimme, ohne ihn zu sehen. Mehr noch, wir erkennen an Nuancen sogar seine Stimmungslage. Die Stimme sagt so viel über uns aus.

Stimmt die Stimme? Eine warme und angenehme Stimmlage sowie eine ruhige Stimmführung wirken souverän. Für eine gut sitzende Stimme ist Stimmhygiene wichtig. Vor und auch während des Vortrags trinken Sie am besten stilles Wasser oder Tee. Kaffee trocknet den Hals aus. Für die negative Wirkung von Zigaretten braucht es keine Erklärung. Lutschpastillen bitte mit Vorsicht einsetzen. Die Stimme lebt von Ihrem Resonanzkörper. Vokale, Umlaute und Diphthonge müssen diesen Resonanzraum passieren, um gut zum Klingen gebracht zu werden. Ihr Text braucht diese inneren Räume, um als kraftvolle Stimme zu Ihrem Auditorium zu gelangen.

Das Fenster in Ihrer Seele

Die Stimme ist ein Fenster in Ihrer Seele. Wenn wir sprechen, vermitteln wir nicht nur Inhalte. Unbewusst geben wir eine Menge zusätzlicher Informationen weiter. Allein durch den Klang unserer Stimme. Diese Botschaften kann unser Gegenüber sofort entschlüsseln. Selbst wenn er uns nicht sieht, macht sich ein Zuhörer innerhalb von Sekunden ein Bild von uns.

Bedenken Sie, was die Stimme über uns verrät. Hören Sie nur einmal bewusst einem Radiosprecher zu. Was hören Sie alles? Nehmen Sie das nächste Mal bei einer unbekannten Nummer am Telefon ab und konzentrieren Sie sich auf die Stimme. Was wissen Sie innerhalb von Sekunden? Geschlecht und Alter, Stimmung und Emotion, sogar die Bildung glauben wir aus der Stimme entnehmen zu können. Und wir liegen dabei oft richtig.

Die eigene Stimmlage

Die eigene physiologische Stimmlage zu finden, ist lohnenswert. Viele sprechen mit einer zu tiefen Stimme. Oft machen Sie das absichtlich, denn Menschen mit tiefer Stimme gelten als kompetent und entscheidungsfreudig. Die Stimme leidet jedoch darunter, wenn wir in einer falschen Tonlage sprechen. Die Stimme wird vorne im Mund gebildet, nicht im Rachen und auch nicht im Hals. Der natürlichen Tonlage nähern wir uns in Übungen gut an.

Ihre Stimmlage sorgt für Stimmschonung

Bei dieser Übung summen Sie in Ihre Handflächen. Das hilft Ihnen wahrzunehmen, wie Ihre Stimme klingen sollte. Formen Sie aus Ihren beiden Handflächen eine Art Schale und halten Sie diese rund 15 Zentimeter vor den Mund. Summen Sie nun, bis Sie spüren, wie Ihre Töne an Sie zurück reflektiert werden. Im Idealfall nehmen Sie dabei ein Vibrieren in den Händen wahr. Wiederholen Sie diese Übung, bis Sie Ihre Stimmlage gut beherrschen und dauerhaft halten. Damit schonen Sie Ihre Stimme, denn eine falsche Tonlage strengt an.

Ihre kleinen Trainings für zwischendurch

Durch eine Anzahl von kleinen Übungen finden Sie schnell in Ihre optimale Stimmlage. Vor einem Auftritt sollten Sie sich mit diesen Übungen einstimmen.

Sie können mit »ach ja« und »mmmh« Ihre Tonlage erreichen. Seufzen auf einen Ton wäre eine weitere Möglichkeit. Auch das Brummen oder langsames und monotones Zählen 21, 22, 23, ... helfen. Besonders gut ist das Gähnen geeignet. Sie spüren das Gähnen als Ton und Schwingung bis in die Ohren, wenn Sie die ideale Lage erreicht haben.

Kurze Lockerungsübungen für Ihre Sprechwerkzeuge

Diese Lockerungsübungen dienen nicht primär der Stimmlage. Sie sind aber wichtig, um Ihre Sprechwerkzeuge zu lockern. Das erreichen Sie mit Zungenspielen und schnellen Zungenbewegungen ähnlich wie beim Indianergeheul. Blop-Geräusche dienen für den exakten Mundschluss. Ein brrrr-Ton, bei dem die Lippen stark vibrieren, ist eine weitere gute Möglichkeit. Dazu sollten Sie diesen Ton eine halbe Minute lang immer wieder produzieren. Die Lippen dürfen anschließend schön kribbeln.

Der Stimmsitz

Generell gilt: Jede Art der Verkrampfung ist zu vermeiden. Halsmuskulatur, Lippen, Unterkiefer und Zunge funktionieren am besten, wenn wir sie lockern und aufwärmen. Wir müssen uns der gezielten Funktion der einzelnen Partien bewusst sein. Ziel ist es, die ideale Tonlage zu ermöglichen und zu erreichen. Die sogenannte Indifferenzlage ist unser Ziel. Es ist die Sprechweise mit dem geringsten Kraftaufwand, der größten Gelassenheit und der besten Wirkung. Genau das will Ihr Publikum hören. Die Zuhörer lieben gelassene, sichere und interessante Stimmen.

7.4 Wichtige Wörter richtig aussprechen

Unbestritten gibt es sprechtechnische Übereinkünfte, was die deutsche Sprache betrifft. Basierend auf Theodor Siebs und Konrad Duden stellen wir Ihnen wichtige Wörter vor, deren richtige Aussprache von großer Bedeutung ist. Die korrekte Artikulation klingt stets kompetent und ist ausgezeichnet zu verstehen. Jeder Vortragende muss sich diese Fähigkeiten zu Eigen machen. Als Autoren ist es uns völlig unverständlich, warum Medien, Wirtschaft, Schule und Öffentlichkeit dafür oft nicht sensibel genug sind. Korrekte Aussprache ist nicht nur der Theaterwelt vorbehalten. Wer richtig spricht, wird überall besser verstanden und besser gehört.

Lesen, hören und sprechen Sie die ausgewählten Übungswörter:

75 *Formalismus, schon, ob, Werbung, Lebensenergie, ruhig, Fortschritt, werden, Beschwerde, Worte, gesamt, nächst, höchst, Buchstabe, cremig, verloren, Körnung, gegenüber, Detail, detailliert, ärgerlich, Tagwerk, Pflichtteil, herzstärkend, Vegetation, erübrigt, schicksalhaft, Nibelungensage, wenig, das, dass, was, Blickkontakt, wertvoll, Spaß, Heimat, eifrig, Rehe, überall, Hauptstädte, Baupläne, Gemäldegalerie, Ehe, ordentlich, Rache, Rächer, Geste, nehmen, Schäden, Verein, Ohren, Herbst, Interesse, fünf, Billett, Chef, Vers, Angabe, scharf, Anfang, Reiseziel, Resümee, Farbe, Garten, Gärten, urteilen, Karte, warten, Walnuss, Jagd, Art, Quarz, Bärte, Äquator, Krebs, er, Erde, werden, gib, hin, Mühe, Seelenzustand, versperrt, Erbrecht, März, Mai, Juni, Oktober, November, bis, Düsseldorf, Oslo, Melancholie, Viertel, trist, vierzig, Würde, Geburtstag, gebürtig, bewerten, Übertreibung, Hoteldienst, Blutarmut, Materie, schwer, Wahlurne, transportieren, Behörde, Fußball, Accessoires, Gehirnströme, Festtag, beschleunigt, Villenviertel, Sportaktivität, Ruhe, inklusive, Musik, Podest, Forschung, warten, Verhalten, Parallele, Hustensaft, uniformieren, Erbstücke, Motive, Dorfcharakter, ernten, Geschoß, Geschoss, Vorstädte, Gluten, Turnsaal, Morgenrot, Holzarten, Erstgespräch, urlauben, Perspektive, Übergabe, Realität*

76 *Platin, Versorgung, proben, Experte, sinnhaftig, Konzertpianist, Irrglaube, Orgel, zart, Ortswechsel, Problem, Herren, Kopie, anwurzeln, Versicherung, Reihe, Drohung, Marktforschung, gewaltigst, Ferne, alternativ, spekulativ, Alternative, ruhig, Sieg, Alkohol, Spruch, Sprüche, Betriebe, aufwachsen, Bilanz, lustvoll, Parkverbot, versorgen, Sturzbach, irrtümlich, Leitungen, reüssieren, Orchestergraben, überweisen, Sofortdienst, reflektieren, schwerwiegend, Entdeckung, persönlich, Arbeitspensum, Hauptachse, morsch, Miete, mieten, Seide, Artenvielfalt, Düne, Turmbau, informieren, Amerika, bergab, Körpergewicht, Materie, vereinigte, gegenüberstellen, mannigfaltig, einzigartige, königlich, fortschrittlich, Partnerschaft, trüb, Milliarde, nie, Wettbewerb, Geruch,*

Gerüche, fürstlich, Libyen, Diözese, Sonnenstrahlen, meisterlich, Wachskerze, platzieren, relevant, Produktivität, rosig, merkfähig, Namen, Rarität, analytisch, Persönlichkeit, Labor, Werbung, Schmerzlinderung, Pyramide, unterstützen, Stirnhöhle, ruhig, Herkunft, Predigt, Fragestellung, rationell, motivieren, entfalten, Nordeuropa, sorglos, wechselseitig, Sturmtief, mutig, rezitieren, Quellenverzeichnis, anfangen, Kehrtwendung, Gipfel, Herstellung, Lässigkeit, vorwärts, Bewegung, fernsehen, rhythmisch, zukünftig, Mallorca, zornig, geistreich, vorteilhaft, Erinnerung, Übung

7.5 Vornamen richtig aussprechen

Andrea, Anna, Annika, Anouk, Anton, Antonia, Alexander, Axel 77
Barbara, Beate, Benedikt, Benjamin, Bernd, Bianca, Birgit, Boris
Carolin, Charlotte, Chiara, Christian, Christoph, Clara, Claudia, Clemens
Daniel, David, Denise, Dennis, Diana, Dirk, Dominik, Doris
Elias, Elisabeth, Elke, Ella, Emilia, Emma, Esther, Eva
Fabian, Felix, Ferdinand, Fiona, Florian, Franziska, Friederike, Fritz
Gabriel, Georg, Gerald, Gisela, Gloria, Gregor, Greta, Günter
Hannah, Hannelore, Hannes, Harald, Heiko, Heinz, Helene, Hendrik
Ida, Ina, Inga, Ingo, Ingrid, Irina, Iris, Isabel
Jakob, Jana, Jasmin, Johanna, Jonas, Jonathan, Judith, Julia
Karin, Katharina, Katja, Katrin, Kilian, Klaus, Konstantin, Kurt
Laura, Lea, Leonie, Lena, Linus, Lisa, Luca, Luisa
Marcel, Marie, Marion, Marlene, Martin, Maximilian, Michael, Moritz
Nadine, Natalie, Nicolas, Nicole, Nina, Noah, Nora, Norbert
Olaf, Oliver, Olivia, Olga, Ophelia, Oskar, Othmar, Otto
Pascal, Patricia, Patrick, Paula, Pauline, Peter, Philipp, Pia
Quirin, Quentin, Quintus
Rainer, Raphael, Rene, Richard, Roman, Romy, Ronja, Robert
Samuel, Sandra, Sarah, Sebastian, Selina, Simon, Sophie, Susanne
Tamara, Tatjana, Theo, Theresa, Till, Tim, Tobias, Thomas
Udo, Ulla, Ulrich, Ulrike, Urs, Ursula, Ute, Uwe

Sprechen Sie nun den völlig identischen Satz und betonen Sie, was Ihnen wichtig erscheint.

Heute will ich mit einem Kollegen mit der Bahn von Salzburg nach Wien fahren.
80 *Heute – nicht morgen.*
Ich – nicht Du.
Mit einem Kollegen – nicht mit einer Kollegin.
Mit der Bahn – nicht mit dem Auto.
Von Salzburg – nicht von München.
Nach Wien – nicht nach Genf.

Sie merken sehr schnell, wie Sie die Bedeutung steuern können, ohne am Inhalt irgendetwas zu ändern.

Gestalten Sie Lautstärke durch Volumen

Dieser Text, angelehnt an *Lob der Dialektik* von Berthold Brecht, eignet sich besonders zum Variieren der Lautstärke.
Lesen Sie den Text mehrmals laut durch und achten Sie darauf, an welchen Stellen Sie Druck geben wollen, oder welche Stellen sich zum leisen Vorlesen eignen. Ihre eigene Interpretation steht im Mittelpunkt und gibt Bedeutung. Vermeiden Sie Übertreibungen.
Wer das Heute überlebt, sage nicht: nie wieder!
Das Sichere ist nie ganz sicher.
Auch morgen wandelt sich erneut alles.
Irgendwann ist doch nie.
Irgendwann ist immer.
Wer jetzt niedergeschlagen ist, der stehe auf!
Wer glaubt verloren zu sein, der kämpfe!
Wer an sich glaubt, wie soll der aufzuhalten sein?
Die Motivierten von heute, sind die Sieger von morgen.
Aus »nie wieder« wird: heute noch.

7.8 Schauspielübungen

Als Redner müssen Sie in der Lage sein, eine Szene zu füllen. Das hat nichts mit großen Gesten und Übertreibungen zu tun. Schauspielerische Elemente haben Ihre Basis in den Gedanken und Gefühlen, welche wir ausdrücken wollen.

Beim lauten Lesen können Sie den Inhalt färben

Nehmen Sie einen beliebigen Text, der sich in Griffweite befindet. Einen Geschäftsbrief, einen Lebenslauf oder eine Buchseite – was auch immer. Lesen Sie nun ein und dieselbe Textstelle und geben Sie diesem Text verschiedene Färbungen: wissenschaftlich, verliebt, traurig, wütend, überzeugend, ...

Ihre Varianten um nein zu sagen

Jeder gute Schauspieler muss in der Lage sein, mindestens ein Dutzend verschiedener Bedeutungsnuancen des Wortes nein vermitteln zu können. Versuchen Sie das nun ebenfalls und versuchen Sie es immer wieder.

Begrüßungsvarianten für Ihre Spontaneität

Eine sehr einfache und effektvolle Übung, die Sie auch mit anderen machen können, ist das Begrüßen. Spielen Sie die folgenden Varianten durch und erfinden Sie auch noch weitere Begrüßungsarten: der Kontaktarme, der Endloshändeschüttler, der Quatscher, der feste Umarmer, ...

Der Pathetische
Übergroßes Pathos und zu hohe Lautstärke nerven den Zuhörer, zumal der Text oft sachlich und einfach ist. Diese Sprechweise verhindert durch ihre marktschreierische Wirkung konzentriertes Zuhören. Sie überlagert den sachlichen Inhalt mit Unnötigem.

Der Zynische
Dieser Redner ist schlichtweg unhöflich. Mit dieser überironischen Vorgehensweise wird der Inhalt empfindlich gestört. Dem sachlichen Fortschreiten des Themas kann und will niemand folgen.

Der Betuliche
Er erinnert an eine Kindergartentante, die mit unpassender Baby-Sprache agiert. Die Satzmelodie ist übertrieben und enervierend zugleich. Übertreibungen lenken enorm vom Thema ab.

Der Enthemmte
Wer unter dem Einfluss von Medikamenten, Alkohol und dergleichen steht, spricht ohne Spannung, undeutlich und außer Kontrolle. Es entsteht eine schwer verständliche Sprache ohne Stringenz.

Der Täuscher
Er degradiert das Publikum auf die Ebene der Nichtwisser. Sein Scheinwissen verstärkt er durch hochnäsiges Getue. Dieser Schnellsprecher setzt auf Geschwindigkeit, damit das Gesagte unüberprüfbar bleibt.

Der Authentische
Diese Sprechpersönlichkeit findet ihr Idealmaß an inhaltlichem Können und sprachlicher Fertigkeit. Für das Auditorium ist es einfach und gewinnbringend zuzuhören. Dieser Sprechtyp ist nachahmenswert.

Ein guter Sprecher beherrscht im Grunde alle diese Typen. Er setzt sie aber nur bedingt und sehr gezielt ein. Wer souverän spricht, kann variieren und seine Inhalte in verschiedenen Geschwindigkeiten präsentieren.

Der Epilog als Abschluss des Buches eignet sich gut zum Anfangen ...

Epilog

Was Ihnen das Buch nicht ersparen kann? Das Training!

Dort anfangen, wo andere aufhören

Eine gute Aussprache und beeindruckende Bühnen-Performance entwickeln sich nicht von selbst. Sie können mit den Buchinhalten aber viele Fähigkeiten selbst voranbringen. Einige Themen verlangen nach einem persönlichen Artikulations- und Bühnen-Coaching. Jeder, der an seiner Redekompetenz arbeiten möchte, profitiert ungemein von einem Coach. Nur ein qualifizierter Präsentations- und Sprechtrainer ist Feedback-Geber und sagt Ihnen, wie Sie wirken. Er kann auch Dinge entdecken, die sich Ihrer Wahrnehmung entziehen.

Sie haben die Chance, sich wichtige Fertigkeiten anzueignen und Ihre Souveränität weiter zu erhöhen. Auf jeden Fall werden Sie besser auftreten und ein neues Niveau erreichen.

Wer souverän sprechen und faszinierend vortragen kann, gewinnt

Sie werten Ihre Persönlichkeit auf. Sie gewinnen Sicherheit für Ihre Redeanlässe. Sie gewinnen bessere Kontakte zu Menschen. Und Sie gewinnen auch finanziell.

Nicht nur bei freien Reden und Präsentationen, sondern insbesondere auch bei Interviews, Referaten und allen Gesprächen auf hohem Niveau.

Wir wünschen Ihnen viel Freude und Erfolg, wenn Sie Menschen berühren, begeistern und bewegen.

Anhang

Publikationen

Baumgartner, Peter (2012): Geniale Grenzgänge – Limits in der Wirtschaft und am Ende der Welt. Böhlau Verlag.

Baumgartner, Peter (2016): Leadership leben – Charakter und Charisma entscheiden. Books4Success Verlag.

Baumgartner, Peter und Hornbostel, Rainer (2013): Manager müssen Mut machen – Mythos Shackleton. Books4Success Verlag.

Birkenstock, Renate und Quick, Ilona (2015): Mit Small Talk zum Big Talk: Ins Gespräch kommen – im Gespräch bleiben. BusinessVillage Verlag.

Braun, Roman (2004): Die Macht der Rhetorik. Piper Verlag.

Göttert, Karl Heinz (2015): Mythos Redemacht: Eine andere Geschichte der Rhetorik. S. Fischer Verlag.

Groß, Oliver (2017): Einfach sagen. BusinessVillage Verlag.

Hielscher, Juliane (2015): Medientraining. Kürschners Verlag.

Hornung, Markus (2016): Der Abschied von der Sachlichkeit: Wie Sie mit Emotionen tatsächlich für Bewegung sorgen. BusinessVillage Verlag.

Hermann-Ruess, Anita (2017): ad hoc präsentieren: Kurz, knackig und prägnant argumentieren und überzeugen. BusinessVillage Verlag.

Kegel, Jens (2009): Selbstvermarktung freihändig: Schreiben fürs Reden – auch gegen den Strom. BusinessVillage Verlag.

Krech, Eva-Maria, et al. (2010): Deutsches Ausspracheswörterbuch. De Gruyter Verlag.

Mangold, Max (2005): Aussprachewörterbuch. Duden Verlag.

Molcho, Samy (1996): Körpersprache im Beruf. Mosaik Verlag.

Schimmel, Stefan (2015): Ihr Auftritt bitte. Goldegg Verlag.

Siebs, Theodor (2000): Deutsche Aussprache. Walter de Gruyter & Co Verlag.

Shata-Aichner, Eva-Maria (2005): Artikulation 1 – Vokale, Umlaute, Diphthonge. Studio Weinberg Verlag.

Shata-Aichner, Eva-Maria (2004): Zum Beispiel ... – Literaturbeispiele. Studio Weinberg Verlag.

Schulz von Thun, Friedemann (2014): Miteinander reden 1–4. Rowohlt Verlag.

Stroh, Wilfried (2009): Die Macht der Rede. Ullstein Verlag.

Watzlawick, Paul (2015): Man kann nicht nicht kommunizieren. Hogrefe Verlag.

Inhalt der CD

	Übung	Buchseite
1. Grundlagen	1 bis 8	135 ff.
2. Vokale	9 bis 23	140 ff.
3. Umlaute	24 bis 29	143 f.
4. Diphthonge	30 bis 32	144
5. Konsonanten	33 bis 55	145 ff.
6. Vorsilben	56 bis 63	156
7. Artikulation im Fluss	64 bis 67	157 f.
8. Endungen	68 bis 72	158
9. Grenzfälle der Aussprache	73 bis 74	160
10. Wichtige Wörter	75 bis 76	170 f.
11. Vornamen	77	171 f.
12. Die Zahlenwelt der Medien	78	172
13. Betonungen	79 bis 80	173 f.

ad hoc visualisieren

Malte von Tiesenhausen
ad hoc visualisieren
Denken sichtbar machen
2. Auflage 2016

192 Seiten; Broschur; 24,80 Euro
ISBN 978-3-86980-298-5; Art.-Nr.: 930

Wünschst du dir, deine Ideen verständlicher und auf den Punkt zu vermitteln? Du möchtest beim Arbeiten an Lösungsstrategien die Potenziale aller Teilnehmer voll ausschöpfen? Oder du möchtest bei Vorträgen oder Präsentationen Inhalte so vermitteln, dass deine Zuhörer den Informationsfluten nicht durch geistige Abwesenheit trotzen? Dann ist dieses Buch die Lösung ...

... denn ein Bild sagt mehr als tausend Worte.
Das gilt für die immer komplexer werdende Welt mehr denn je. Wer das Visualisieren beherrscht, findet schnell eine gemeinsame Ebene und einen gemeinsamen Zugang, der nicht durch Worte verdeckt ist.

Du kannst gar nicht zeichnen? Du hast kein Talent? Falsch!
Mit diesem Buch wirst du den Zeichner in dir entdecken. Nutze die Visualisierung, um nachhaltiger zu erklären, und als ganz neue Ressourcen bei der Ideenentwicklung. Der Cartoonpreisträger und Visualisierungsexperte Malte von Tiesenhausen inspiriert dich in diesem Buch, selbst den Stift in die Hand zu nehmen und ihn nicht wieder loszulassen. In unterhaltsamer und aufgelockerter Art und Weise stellt er Methoden und Techniken vor, wie du selbst die Kraft der Bilder nutzt und deinen Fokus auf die Welt erweiterst.

www.BusinessVillage.de